名师名校名校长

凝聚名师共识
回应名师关怀
打造名师品牌
培育名师群体

《论语》
阅读的思考与实践

徐勇　主编

西安出版社

图书在版编目（CIP）数据

《论语》阅读的思考与实践 / 徐勇主编. — 西安：
西安出版社, 2024. 7. — ISBN 978-7-5541-7586-6

Ⅰ. G634.333

中国国家版本馆CIP数据核字第2024M8L274号

《论语》阅读的思考与实践
LUNYU YUEDU DE SIKAO YU SHIJIAN

出版发行：西安出版社
社　　址：西安市曲江新区雁南五路 1868 号影视演艺大厦 11 层
电　　话：（029）85264440
邮政编码：710061
印　　刷：北京政采印刷服务有限公司
开　　本：787mm×1092mm　1 / 16
印　　张：15.75
字　　数：275千字
版　　次：2025 年 3 月第 1 版
印　　次：2025 年 3 月第 1 次印刷
书　　号：ISBN 978-7-5541-7586-6
定　　价：58.00 元

编 委 会

目录

1

第四单元　知其不可而为之

第五单元　整本书阅读

附　录　参考答案

第一单元

学而时习之

学而时习之

❶ 子曰："学而时习之，不亦说乎？有朋自远方来，不亦乐乎？人不知而不愠，不亦君子乎？"

❷ 子曰："巧言令色①，鲜②矣仁！"

❸ 曾子③曰："吾日三省④吾身：为人谋而不忠⑤乎？与朋友交而不信⑥乎？传不习⑦乎？"

❹ 子禽⑧问于子贡⑨曰："夫子至于是邦⑩也，必闻其政。求之与？抑⑪与之与？"子贡曰："夫子温、良、恭、俭、让⑫以得之。夫子之求之也，其诸⑬异乎人之求之与？"

❺ 有子曰："礼之用，和⑭为贵。先王之道⑮，斯⑯为美，小大由之。有所不行，知和而和，不以礼节之，亦不可行也。"

❻ 子曰："不患⑰人之不己知，患不知人也。"

注释

① [巧言令色] 朱熹注曰："好其言，善其色，致饰于外，务以说人。"巧和令都是美好的意思。但此处应释为装出和颜悦色的样子。

② [鲜] 少的意思。

③ [曾子] 曾子姓曾名参（音shēn），字子舆，生于公元前505年，鲁国人，是被鲁国灭亡了的鄫国贵族的后代。曾参是孔子的得意门生，以孝出名。据说《孝经》就是他撰写的。

④ [三省] 省（音xǐng），检查、察看。三省有几种解释：一是三次检查，二是从三个方面检查；三是多次检查。其实，古代在有动作性的动词前加上数字，表示动作频率高，不必认定为三次。

⑤ [忠] 旧注曰：尽己之谓忠。此处指对人应当尽心竭力。

⑥ [信] 旧注曰：信者，诚也。

⑦ [传不习] 传，旧注曰："受之于师谓之传。"老师传授给自己的。习，与"学而时习之"的"习"字一样，指温习、实习、演习等。

⑧ [子禽]：姓陈名亢，字子禽。郑玄所注《论语》说他是孔子的学生，但《史记·仲尼弟子列传》未载此人，故一说子禽非孔子学生。

⑨ [子贡]：姓端木名赐，字子贡，卫国人，比孔子小31岁，是孔子的学生，生于公元前520年。子贡善辩，孔子认为他可以做大国的宰相。据《史记》记载，子贡在卫国做了商人，家有财产千金，成了有名的商业家。

⑩ [邦]：指当时割据的诸侯国家。

⑪ [抑]：表示选择的文言连词，有"还是"的意思。

⑫ [温、良、恭、俭、让]：温顺、善良、恭敬、俭朴、谦让。这是孔子的弟子对他的赞誉。

⑬ [其诸]：语气词，有"大概""或者"的意思。

⑭ [和]：调和、和谐、协调。

⑮ [先王之道]：指尧、舜、禹、汤、文、武、周公等古代帝王的治世之道。

⑯ [斯]：这、此等意。这里指礼，也指和。

⑰ [患]：忧虑、怕。

语言建构与运用

日有所诵

准确、有感情地朗读课文，背诵并积累名句。

提示：①读时要字正腔圆。"字正"就是字音准确，"腔圆"就是发音饱满。②处理好停顿，控制节奏。③把握重读和轻读。④注意语速语调，做到声韵和谐，抑扬顿挫。

句读分明

请给下面一段话加上标点符号。（限10处）

有子曰其为人也孝弟而好犯上者鲜矣不好犯上而好作乱者未之有也君子务本本立而道生孝弟也者其为仁之本与！

字字落实

请将下列语句翻译成现代汉语。

子曰："弟子入则孝，出则弟，谨而信，泛爱众而亲仁。行有余力，则以学文。"

_____

_____

参考译文

① 孔子说："学了又时常温习和练习，不是很愉快吗？有志同道合的人从远方来，不是很令人高兴吗？人家不了解我，我也不怨恨、恼怒，不也是一个有德的君子吗？"

② 孔子说："花言巧语，装出和颜悦色的样子，这种人的仁心就很少了。"

③ 曾子说："我每天多次反省自己：为别人办事是不是尽心竭力了呢？同朋友交往是不是做到诚实可信了呢？老师传授给我的学业是不是复习了呢？"

④ 子禽问子贡说："老师到了一个国家，必定获闻这个国家的政事。（这种资格）是他自己求得的呢？还是人家国君主动告诉他的呢？"子贡说："老师温和，善良，恭敬，节俭，谦让，所以才得到这样的资格，（这种资格也可以说是求得的），但他求的方法，或许与别人的求法不同吧？"

⑤ 有子说："礼的应用，以和谐为贵。古代君主的治国方法，可宝贵的地方就在这里，无论大事小事都这样去做。但有的时候就行不通，（这是因为）为和谐而和谐，不以礼来节制和谐，也是不可行的。"

⑥ 孔子说："不怕别人不了解自己，只怕自己不了解别人。"

思维发展与品质

合作探究

在阅读本课时，你有哪些深刻的感悟，说出来与小组成员分享；你有哪些疑惑之处，列出来，并与小组同伴合作探究。

疑惑1：＿＿＿＿＿＿＿＿＿＿＿＿＿＿＿＿＿＿＿＿＿＿＿＿＿＿＿＿

疑惑2：＿＿＿＿＿＿＿＿＿＿＿＿＿＿＿＿＿＿＿＿＿＿＿＿＿＿＿＿

探究结果：＿＿＿＿＿＿＿＿＿＿＿＿＿＿＿＿＿＿＿＿＿＿＿＿＿＿

归纳总结

请简要归纳总结，在本课选文之中，孔子（及其弟子）谈论了哪些内容，提出了哪些主张。

＿＿＿＿＿＿＿＿＿＿＿＿＿＿＿＿＿＿＿＿＿＿＿＿＿＿＿＿＿＿＿＿

＿＿＿＿＿＿＿＿＿＿＿＿＿＿＿＿＿＿＿＿＿＿＿＿＿＿＿＿＿＿＿＿

审美鉴赏与创造

名句共赏

子曰："巧言令色，鲜矣仁！"

【他人评析】儒家学说的核心是仁，仁的表现之一就是孝与悌。这是从正面阐述什么是仁的问题。这一章，孔子讲仁的反面，即为花言巧语，工于辞令。儒家崇尚质朴，反对花言巧语；主张说话应谨慎小心，说到做到，先做后说，反对说话办事随心所欲，只说不做，停留在口头上。这表明，孔子和儒家注重人的实际行动，特别强调人应当言行一致，力戒空谈浮言，心口不一。这种踏实态度和质朴精神长期影响着中国人，成为中华传统思想文化中的精华。

【我的评析】_____

_____

明理思辨

请结合自己的阅读体验和生活经历，谈一谈你对下面这段话的理解，不少于100字。

子曰："君子不重则不威，学则不固。主忠信。无友不如己者。过，则勿惮改。"

【译文】孔子说："君子不庄重就没有威严，即使读书，所学的也不会巩固。要以忠信为主。不要同不如自己的人交朋友。有了过错，就不要怕改正。"

_____

_____

文化传承与理解

成语经典

请指出下列各句中的成语，并解释其含义。

1. 子曰："弟子入则弟，出则悌，谨而信，泛爱众而亲仁。行有余力，则以学文。"

　　成语：_____含义：_____

2. 子夏曰："贤贤易色；事父母，能竭其力；事君，能致其身；与朋友交，言而有信。虽曰未学，吾必谓之学矣。"

　　成语：_____含义：_____

3. 子曰："君子食无求饱，居无求安，敏于事而慎于言，就有道而正焉，可谓好学也已。"

　　成语：_____含义：_____

4. 子贡曰："贫而无谄，富而无骄，何如？"子曰："可也。未若贫而乐，富而好礼者也。"子贡曰："《诗》云：'如切如磋，如琢如磨。'其斯之谓与？"子曰："赐也，始可与言《诗》已矣，告诸往而知来者。"

　　成语：_____含义：_____

　　成语：_____含义：_____

文化常识

端木遗风——子贡，姓端木名赐，字子贡，卫国人，是孔子的学生。据《史记》记载，子贡在卫国做了商人，家有财产千金，成了有名的商业家。今天所谓"端木遗风"是指子贡遗留下来的诚信经商的风气，子贡成为民间信奉的财神。子贡善货殖，有"君子爱财，取之有道"之风，为后世商界所推崇。

读"语"知理

不怠一字，不滞未晓

张扬子

学书如光潜言"必有一字不肯放松之谨严"，而求问于《象山集》者，又曰"未晓处且放过"。二者岂矛盾？私以为，兼之二者，不亦读书之道，更为行世之理。

不怠一字，不可放浪形骸，俯身细琢谨磨。古家有言"业精于勤荒于嬉，行成于思毁于随"。不肯放松的谨严态度，是成事之基，读书无深敲慢推、无谨求严问，只是一知半解，实是"未见其明也"。反之，尧卿能"问辨思索，不惑传注"，其人于读书未尝不谨慎严求，方可通三传，明四书。行事亦如此，不乏浮光掠影、走马观花之徒，用心不严谨，只求"差不多"，实则差之千里，毫无建树。向使屠呦呦泛读掠过，如何又能于千万古方中得治病之解。其成就奉献如何不归功于严谨之态度？不怠一字，严谨求问，于万事细琢谨磨，不唯行事之成，更求心中之安，用之于身，必能有所广益。

不滞未晓，不通处且放过，求大而不拘小也。书必有不解之处，或有不明之字句。依前言，岂不更加严求，势必解之，不解则不前，由是而滞，此非矛盾？然不怠一字，是待物接事之态度，而"不滞未晓"乃是平平处世之释然，顾大意而不拘小节之明智。遇不解之字句，若滞下，则文不可读完，大意不可领会，如执陷囹圄，困于此，不得前进。暂且放过，而先遍观全书，失小处而观大局，会其精气神，而后再阅不解之字句，融会贯通，岂不恍然开悟？此则不滞未晓，放过小节而求大局也。诸葛不滞于擒获孟获之小处，暂且放过，得一大将，而稳大局。此皆放小处，领大意之例。可见，行事抱有细琢谨磨、不怠一字之严谨乃接物之先，而不滞未晓、求大放小更为成事之理。二者不相矛盾，反相辅相成、如虎添翼。

不滞未晓更是求得一种平淡的心境，若行世已不怠一字，已细琢谨磨，然仍不甚解，便暂且放过，不必太滞。"读书且平平读""人生亦平平过"，自有其味。尽其心力，便不苟于成就立业，只浅浅放过，自领人生大意。

阅清传明典，如阅人世潮涨伏落，阅之必不怠一字，此是态度；遇阻必不滞未晓，此是眼光与心境。

行世如此，有"绝知此事要躬行"之严谨，亦携得"小舟从此逝"之不滞，方可通达人生，阅得至典。

【点评】从读书之道悟行事之理，由不怠到不滞到二者辩证统一，逻辑清晰，推展流畅；从古韩愈之言、尧卿之行、诸葛之智，到今屠呦呦科研之严谨，有理有据，论证流畅；大量使用文言词汇、文言句式，在凝练简达之中透出一气呵成的雄辩之气。作为考场之作，实属难得。

试错之道，当为慎勇
李想飞扬

人生之路，道阻且长，蜿蜒曲折。若陷入"山重水复疑无路"的困境，慎勇试错，便能拥抱"柳暗花明又一村"的希望。

披荆斩棘，勇于试错。

错误，是天才的晋升阶梯，信徒的洗礼之水，弱者的无底深渊。无知者深陷错误泥沼，寸步难行；有智者视错误为改正机会，砥砺前行。杨振宁以人生选择试错。曾经的杨振宁梦想当一名实验物理学家，然而他总是实验失败，炸毁实验室，选择的错误给了杨振宁纠正的机会，他转而成为一名理论物理学家，扎根于理论知识，终为中国"两弹一星"发展做出巨大贡献。于敢试错之勇气，自当冒天下之大不韪。弗兰克·维尔切克曾说："筛选问题还需要有强大的心理调节能力和韧劲：你得不怕失败，敢于向前。"由此观之，敢于试错之勇气是人生成功的必要前提。"凿不休则沟深，斧不止则薪多。"只要在试错之路上坚持走下去，我们一定会拥抱属于我们的胜利。

深思熟虑，谨慎试错。

老子有言"慎终如始，则无败事"。慎始敬终，谨慎试错，方能行稳致远。谨慎是航天工程的必修课，任何一个元件的出错都可能导致巨大的灾难，航天事业试错成本高，所以定要做好万全的准备再进行试错。揆诸今朝，中国航天科技一步一个脚印，谨慎试错，行稳致远，终得航天事业迅速发展，跻身于世界前列。由此观之，空有试错的勇气，而无慎始敬终的谨慎，终会酿成大祸。唯有慎终如始，方能行稳致远。

宇航员杨利伟的成功既有勇于试错的勇气，又有不轻易试错的谨严。杨利伟曾在出发前就做好了牺牲的准备，但他不敢牺牲，如果他牺牲了，中国又要多花好几年的时间才能完成这个任务。正是由于他有这样的慎勇之心，才得让中国旗帜飘扬于太空。

少年请以慎勇之心试错，东方有火红的希望，南方有温暖的巢床，向西逐退残阳，向北唤醒芬芳。披荆斩棘，慎始敬终，方能行稳致远。

【点评】作者以"慎勇"切入"试错"，慎勇试错，以达破冰之境。勇，以杨振宁为例，坚持试错，找到正确的道路，以拥抱胜利；慎，以航天业为例，写出慎终如始，方能行稳致远。最后以杨利伟为例，验证试错的勇气与试错的谨慎，号召少年以慎勇试错，行稳致远。事例具有统一性，从现代物理学到航天业，从个人到国家；结构清晰明了，有一气呵成之流畅。

请你来点评：_____

_____

_____

任浪过身我独清，排众论而任灵明

刘　甜

大风泱泱，大潮滂滂，世有千浪之期望向我，我执自我本清。视他人之疑目如盏盏鬼火，大胆地去走我的夜路。在如今这个数字化时代，个人活于太多无谓的期望之中，如是，何不秉持我之清心，获得自我灵魂认可的人生，而不惧世俗流言无谓的期望呢？

白鹿青崖悠然行，永葆自我明心盏。自己满意、认可的人生其实是多样化的，并不局限于某一种具体的方式，重心应为得到自我的认可。有些人向往山川湖海，于是有人"采菊东篱下"；有人渴望沙场征战，于是有人"不破楼兰终不还"；还有人惬意于人情温暖，于是有汪曾祺笔下的市井生活。人生本是旷野，而不是一条既定的轨道，没有什么对错成败的选择题。唯一的要求只是得到自身心安，寻一处自身的"理想国"，走一条皈依灵魂的路。人生海海，山山而川，你属于你自己。正如千百年前殷侯掷地有声的回答："我与我周旋久，宁做我。"生活千姿百态，只需秉持自我认可的天平。"各美其美，美美与共"，所"共"大抵便是心灵的认可。

前路迢迢咬牙过，始见清风拂心岗。自我满意、认可的人生必然不是想实现就能实现的，需要自己不懈地坚持，永不退缩。君且看，苏武认可的是对汉王朝不渝的忠心与使者的气节，便坚持不降，纵使北海牧羊、置身大窖，仍不退缩，秉持着自我所向的人生选择，终不辱使命，持节归汉，得到自身认可的答案；君可知，张桂梅校长认可的是对山区女孩帮助的热忱与对党和国家的忠心，便留于山中，纵使山路崎岖，病痛缠身，仍不退缩，秉承着内心明灯的人生导向，终桃李翁郁，让女孩们有了选择的机会，得到自身满意的回复。你可以看见未来邈远，前路迷蒙而不可知，但当你不退缩，坚持自我，你会得到，有一阵风对心岗抚慰的满足。

辨无用而膏心灵，取有为而壮己行。社会与他人的期望，并不是完全错误的，重在以自己认可的答案为导航来辨别选择，获得收拾行囊、奋勇前行的力量。一方面，要祛除无谓的数落。李四光先生勘察油田之际，国内外学者都高呼着"中国贫油论"，这些嗔责的不安好心，这些期望的不怀好意，并未入先生之耳，终于回应以东北油田喷涌的喜讯。只因他认可的，是自己能为祖国出力。一方面，要选择有益的力量汲取，李四光先生16岁之际，在中国同盟会中接得孙中山先生的期盼，"努力向学，蔚为国用"这一句话坚定了他对认可的追求，所以敢不畏无谓流言、世俗之数落，任他过身而汲我之所用，培我之心明。

任浪过身我独清，排众论而任灵明。在众人无谓的话语中，寻找自己坚定的方向，任天寒地冻，我仍一苇以航。

请你来点评：_____

_____

_____

（本课编写人：王方斌）

温故而知新

❶ 子曰："温故而知新①，可以为师矣。"

❷ 子曰："吾十有②五而志于学，三十而立③，四十而不惑④，五十而知天命⑤，六十而耳顺⑥，七十而从心所欲，不逾矩⑦。"

❸ 子曰："视其所以⑧，观其所由⑨，察其所安⑩。人焉廋⑪哉？人焉廋哉？"

❹ 子曰："君子不器⑫。"

❺ 子贡问君子。子曰："先行其言而后从之。"

❻ 子曰："君子周⑬而不比⑭，小人比而不周。"

❼ 子曰："学而不思则罔⑮，思而不学则殆⑯。"

❽ 子曰："由⑰，诲女⑱知之乎？知之为知之，不知为不知，是知也。"

① ［温故而知新］故，已经过去的。新，刚刚学到的知识。

② ［有］同"又"。

③ ［立］站得住。

④ ［不惑］掌握了知识，不被外界事物所迷惑。

⑤ ［天命］指不能为人力所支配的事情。

⑥ ［耳顺］对此有多种解释。一般而言，指对那些于己不利的意见也能正确对待。

⑦ ［从心所欲，不逾矩］从，遵从；逾，越过；矩，规矩。

⑧ ［所以］所做的事情。

⑨ ［所由］所走过的道路。

⑩ ［所安］所安的心境。

⑪ ［廋］（音sōu），隐藏、藏匿。

⑫ ［器］器具。

⑬ ［周］合群。

⑭ ［比］（音bì），勾结。

⑮ ［罔］迷惑、糊涂。

⑯ ［殆］疑惑、危险。

⑰ ［由］姓仲名由，字子路。生于公元前542年，孔子的学生，长期追随孔子。

⑱ ［女］同"汝"，你。

语言建构与运用

日有所诵

准确、有感情地朗读课文，背诵并积累名句。

提示：①读时要字正腔圆。"字正"就是字音准确，"腔圆"就是发音饱满。②处理好停顿，控制节奏。③把握重读和轻读。④注意语速语调，做到声韵和谐，抑扬顿挫。

句读分明

请给下面一段话加上标点符号。（限15处）

孟懿子问孝子曰无违樊迟御子告之曰孟孙问孝于我我对曰无违樊迟曰何谓也子曰生事之以礼死葬之以礼祭之以礼。

字字落实

请将下列语句翻译成现代汉语。

1. 季康子问："使民敬、忠以劝，如之何？"子曰："临之以庄，则敬；孝慈，则忠；举善而教不能，则劝。"

_____

_____

2. 子张学干禄。子曰："多闻阙疑，慎言其余，则寡尤；多见阙殆，慎行其余，则寡悔。言寡尤，行寡悔，禄在其中矣。"

_____

_____

参考译文

①孔子说："在温习旧知识时，能有新体会、新发现，就可以当老师了。"

② 孔子说："我十五岁立志于学习，三十岁能够自立，四十岁能不被外界事物所迷惑，五十岁懂得了天命，六十岁能正确对待各种言论，不觉得不顺，七十岁能随心所欲，而不越出规矩。"

③ 孔子说："（要了解一个人），应看他言行的动机，观察他所采用的方式方法，考察他安心干什么。这样，这个人怎样能隐藏得了呢？这个人怎样能隐藏得了呢？"

④ 孔子说："君子不像器具那样，（只有某一方面的用途）。"

⑤ 子贡问怎样做一个君子。孔子说："对于你要说的话，先实行了，再说出来，（这就够说是一个君子了）。"

⑥ 孔子说："君子团结而不与人勾结，小人与人勾结而不团结。"

⑦ 孔子说："只读书学习，而不思考问题，就会惘然无知而没有收获，只空想而不读书学习，就会疑惑而不能肯定。"

⑧ 孔子说："由，我教给你怎样做的话，你明白了吗？知道就是知道，不知道就是不知道，这才是聪明的。"

思维发展与品质

合作探究

在阅读本课时，你有哪些深刻的感悟，说出来与小组成员分享；你有哪些疑惑之处，列出来，并与小组同伴合作探究。

疑惑1：_____

疑惑2：_____

探究结果：_____

_____

归纳总结

请简要归纳总结，在本课选文之中，孔子（及其弟子）谈论了哪些内容，提出了哪些主张。

_____

_____

审美鉴赏与创造

名句共赏

子曰："君子周而不比，小人比而不周。"

【他人评析】孔子在这一章中提出君子与小人的区别之一，就是小人结党营私，与人勾结，不能与大多数人融洽相处；而君子则不同，他胸怀广阔，与众人和谐相处，从不与人勾结，这种思想在今天仍不失其积极意义。

【我的评析】_____

_____

明理思辨

请结合自己的生活经历或阅读经历，谈一谈你对下面这段话的理解，不少于100字。

子游问孝。子曰："今之孝者，是谓能养。至于犬马，皆能有养。不敬，何以别乎？"

【译文】子游问什么是孝。孔子说："如今所谓的孝，只是说能够赡养父母便足够了。然而，就是犬马都能够得到饲养。如果不存心孝敬父母，那么赡养父母与饲养犬马又有什么区别呢？"

_____

_____

_____

文化传承与理解

成语经典

请指出下列各句中的成语，并解释其含义。

1. 子曰："为政以德，譬如北辰居其所而众星共之。"

　　成语：_____ 含义：_____

2. 哀公问曰："何为则民服？"孔子对曰："举直错诸枉，则民服；举枉错诸直，则民不服。"

　　成语：_____ 含义：_____

3. 子曰："人而无信，不知其可也。大车无輗，小车无軏，其何以行之哉？"

　　成语：_____ 含义：_____

4. 子曰："非其鬼而祭之，谄也。见义不为，无勇也。"

　　成语：_____ 含义：_____

文化常识

　　仲由（公元前542年—公元前480年），字子路，又字季路，鲁国卞人。"孔门十哲"之一，"二十四孝"之一，"孔门七十二贤"之一，受儒家祭祀。

　　仲由性情刚直，好勇尚武，曾陵暴过孔子，孔子对他启发诱导，设礼以教，子路接受孔子的劝导，请为弟子，跟随孔子周游列国，做孔子的侍卫。后做卫国大夫孔悝的蒲邑宰，以政事见称，为人伉直，好勇力，任内开挖沟渠，救穷济贫，政绩突出，辖域大治。周敬王四十年（鲁哀公十五年），卫国内乱，子路临危不惧，冒死冲进卫国国都救援孔悝，混战中被蒯聩击杀，结缨遇难，被砍成肉泥。葬于澶渊（今河南濮阳）。

读"语"知理

识对错之有数　权利弊而前行

赵海燕

波普尔说"从错误中学习"是科学，诚然，试错才能得到真知，但当犯错的弊大于修正的利时，也有必要无知试错吗？

因此，识对错、权利弊才可稳健前行。

正如《万历十五年》后记将人类历史看作一个斐波那契环，发展向外延伸，时代向内限制，我们的科学也是一个真理前行、错误限制的发展史。在马克思主义中国化历程中，犯了多少错，吃了多少苦，才有了中国特色社会主义理论，这是错误中曲折前行的真理。在原子模型构建中，先后有了枣糕模型、行星模型、电子云模型，这难道不是错误中曲折前行的真理？鼓励勇于试错，才可以在错误中得到真理，此言得之。

但是，所有的错误都值得鼓励吗？当其带来的弊大于利时呢？当错误伤害大众时呢？也值得鼓励吗？

答案是显而易见的。权，然后知轻重；度，然后知利弊。生物学实验中有一个方法叫预实验，指在正式实验前先做规模较小的实验来评估实验操作，以此来减少人力、物力、财力的不必要损失。当风险大于回报时，错误也应该即刻被阻止。

在权衡利弊之后，知道该不该去试错，也知道错误后的教训，来使回报大于风险。但是，为了让科学的斐波那契环更快向前延展，更应该减少犯错，走到环的前沿，才能实现试错的真正价值。

做别人验证对的事，少走弯路；做别人已经验证是错的事，那是以身试法。《沧浪之水》中有这样一个故事，农夫和驴走在峭壁上，农夫让驴向山壁一侧行走，驴却倔强地向反方向走，驴坚持着，摔下了悬崖，农人叹息："你胜利了吧，我也胜利了。"执意要走死路的人，不也是这头驴吗？这些人也以为自己是勇于试错之辈，结果却坠入万丈深渊，万劫不复。

面对未知的世界，我们要勇于试错，在曲折中走错一条大道；又在试错之前，对错误和利弊进行评估和判断。唯有这样，才能试出有价值的错，少走弯路，稳健前行。毕竟，探索之旅不必犯错便有回报，何须去冒风险呢？

躬逢盛世，拾起"是对错之有数，权利弊而前行"的锦囊，我们终会让盛世更加出彩！

【点评】这篇文章语言晓畅通顺，没有华丽的辞藻，不刻意追求语言的所谓新、特。论述重点突出，结构层次鲜明，注重以事例架构文章，尤其善用问句来推动论证发展，在引发读者深思的同时，也针对自己的问题以寓言故事和科学事实论述。

留意陌上花开，也寻星河万里
王泓友

"苍山负雪，明烛天南。"日出日落，星河璀璨。有人追寻远方，有人留恋寻常。时代的车轮向前，百年变局飞揽，吾辈青年正当留意陌上花开，也寻星河万里。

"陌上花开，可缓缓归矣。"留意寻常之景，体察万物所欣，向内修。"志之所趋，无远弗届，穷山距海，不能限也。"奔赴星辰大海，追寻梦之所在，向外求。

"日暮苍亭已劲松，乱云飞渡仍从容。"流连身边寻常，与心静对。留意天边疏朗的山峰，林林总总的飞鸟走兽，隐筝美酒狐裘。三五好友，围炉煮茶，红泥小炉，戏乳分茶。留意寻常在门前的一株花树。看春日朝晖点亮枝头绒毛，看花朵在东风的跫音里无声地盛放。看一朝春尽如曲终人散，落得白茫茫大地真干净。留意寻常，再纷繁的世事也如云烟，今朝举，明朝散。寻常之事，在乎于心。纵世间花开万朵，只有你懂的才是你的；纵弱水三千，也只取那一瓢饮。当漂泊一身的仲殊阅尽世事，流连于寻常，得一句"春在梨花"。

"寰宇一百雄鸡唱，拿云系日少年心。"我们留意寻常，并不意味着甘于平常，甘于平庸。追寻远方，方为青年本色。

远方壮丽的日出日落，在今天只谈距离似乎有点过分肤浅。无数的远方，无数的人们，都与我有关。庄周梦蝶，掠过远方的宦海苍穹；李白半步青莲，走出浮云蔽日的长安繁华；关云长一骑绝尘，留下四面狼烟的边角不绝；李叔同青灯古刹，目光指向远方的黎明。远方是理想之所在，也是追寻之所指。倘若菌草专家林占熺不追寻远方，负责苍生，何能种植菌草，不以闽南为限，传播文明，不以山海为远？倘若威廉毛姆笔下的斯特里克兰德不追寻远方的理想，如何在孤岛上留下震惊后世的画作，成为自己的王？追寻远方，与你我有关。每一粒熬过冬天的种子，都有一个关于远方的梦想，每一滴暗夜凝成的露珠终将折射远方的晨光。

"少年恃险若平地，独以长剑临清秋。"举杯朝阳，仗剑千山，追寻远方壮丽和灿烂。

"葵藿向阳开，丹心许未来。"寻常与远方的壮丽从来不是两个截然不同的场景，而是紧密相连，相辅相成。当你踏上追寻海边日出的旅程时，是否想过你看见的不只是奇迹，还有海边劳作的渔夫？当你追寻对于自己来说的诗和远方的田野时，是否思考过田野里辛勤的农民？某种意义上，你追寻的远方是他们整日见惯的寻常之景，而你生活的寻常：高楼大厦，六车道的马路，霓虹灯，也许正是他们所追寻的远方。如何定义远方与寻常呢？不同人自会有不同的答案。当马克·吐温看惯密西西比河上日落奇景并不以为奇后，终于明白人生至理。永葆初心，素履以往，心之所向，一苇以航，留意身边寻常，追寻梦之所向，这路上不变的始终是对美好美好的追求和对人生的希望。

芳华待灼，砥砺深耕。流连寻常向内修，追寻远方向外求，必能从暗夜沉沉走向天光初透。留意莫上花开，也寻星河万里，划破沉沉夜色，再行吴山千里。

请你来点评：_____

_____

_____

实现自我，和同社会
何星霖

"穷则独善其身，达则兼济天下。"于内宜恪守本心致良知之学，于外应为生民立命继往圣之义。在社会的浪潮中实现自己的价值。不负青春自我，不负社会家国。

于自身而言，我们应如上野千鹤子所讲"对自己保持诚实，过那种自己满意、认可的人生"。以梦为马，不负韶华，去追求实现自身的价值，下陈蕃之榻，会立长风之志。保持一颗赤子之心，去寻觅自己心中所想。正如保尔·柯察金所言"不为虚度年华而悔恨，不为碌碌无为而羞愧"。去砥砺奋进，有着"直挂云帆济沧海"的勇气，有"我辈岂是蓬蒿人"的自信，去拼搏成为你所想成为的自己。

但"今日之责任，不在他人，而全在我少年"。作为新时代的青年，我们生在红旗下，长在春风里。我们应紧贴时代的脉搏，聆听时代的旋律。将个人理想信念与中华民族伟大复兴紧密结合。去做好自身所想的同时，也应去响应时代的号召。如周恩来总理般立下"为中华崛起而读书"的宏志，有陆放翁"位卑未敢忘忧国"的决心。牢记社会与自身的紧密相连。在社会实践中实现自我价值，在保持自我的同时，乘时代之势"好风凭借力，送我上青云"。

倘心中只有自我而无家国社会，便无异于鲁迅笔下的"精致利己主义"者。成为国家和社会的硕鼠，一如朱明之严嵩、满清之和珅、民国之汪精卫。当你为自己之利而背离社会时，社会与人民亦将把你遗弃。故而我们应树立正确的价值观，将个人理想的实现寄于时代的浪潮，与社会同呼吸共命运。

当然，在与时代同行时也不能忘记个人动因，否则他人的话语便会成为卡夫卡笔下社会给你带上的枷锁。而你本身也会如《摩登时代》中的工人般迷失，沦为行尸走肉。带上层层的面具，难辨真颜。

故而倘以自我为舟，那便社会如河，顺势而为，直至到达你所想的灯塔彼岸。如何去协调自己与社会，先哲们早已给出答案。在董狐的笔下，在张良的锥中，是苏武的牧节，为嵇绍的一纵。是孔曰成仁孟曰取义的毅然，是九死而未悔的坦荡。在张巡的牙中诉说过往，于太史公的笔下编写华章。个人与社会从来一脉相连，自身的梦想与家园的前行休戚相关。

自己满意，社会所期。实现了自我，和同了家国。社会之所期亦我辈之所欲。时来顺势，才能天地共合力，方可实现梦想，砥砺前行。

请你来点评：＿＿＿＿＿＿＿＿＿＿＿＿＿＿＿＿＿＿＿

＿＿＿＿＿＿＿＿＿＿＿＿＿＿＿＿＿＿＿＿＿＿＿＿＿＿＿＿＿＿＿＿

＿＿＿＿＿＿＿＿＿＿＿＿＿＿＿＿＿＿＿＿＿＿＿＿＿＿＿＿＿＿＿＿

（本课编写人：滕涛）

尽善尽美

❶ 子谓《韶》①："尽美②矣，又尽善③也。"谓《武》④："尽美矣，未尽善也。"

❷ 子曰："饭疏食⑤饮水，曲肱⑥而枕之，乐亦在其中矣。不义而富且贵，于我如浮云。"

❸ 子曰："人而不仁，如礼何？人而不仁，如乐何？"

❹ 林放⑦问礼之本。子曰："大哉问！礼，与其奢也，宁俭。丧，与其易⑧也，宁戚⑨。"

❺ 子曰："君子无所争。必也射⑩乎！揖⑪让而升，下而饮。其争也君子。"

❻ 子曰："《关雎》⑫乐而不淫，哀而不伤。"

❼ 子曰："居上不宽，为礼不敬，临丧不哀，吾何以观之哉？"

❽ 仪封人⑬请见，曰："君子之至于斯也，吾未尝不得见也。"从者见之⑭。出曰："二三子何患于丧⑮乎？天下之无道也久矣，天将以夫子为木铎⑯。"

① [韶] 相传是古代歌颂虞舜的一种乐舞。

② [美] 就乐曲的音调、舞蹈的形式而言。

③ [善] 就乐舞的思想内容而言。

④ [武] 相传是歌颂周武王的一种乐舞。

⑤ [饭疏食] 饭，这里是"吃"的意思，作动词。疏食即粗粮。

⑥ [曲肱] 肱，音（gōng），胳膊，由肩至肘的部位。曲肱，即弯着胳膊。

⑦ [林放] 鲁国人。

⑧ [易] 治理。这里指有关丧葬的礼节仪式办理得很周到。一说谦和、平易。

⑨ [戚] 心中悲哀的意思。

⑩ [射] 原意为射箭。此处指古代的射礼。

⑪ [揖] 拱手行礼，表示尊敬。

⑫ [《关雎》] 雎，音（jū）。这是《诗经》的第一篇。此篇写一君子"追求"淑女，思念时辗转反侧、寤寐思之的忧思，以及结婚时钟鼓乐之、琴瑟友之的欢乐。

⑬ [仪封人] 仪为地名，在今河南兰考县境内。封人，系镇守边疆的官。

⑭ [从者见之] 随行的人见了他。

⑮ [丧] 失去，这里指失去官职。

⑯ [木铎] 木舌的铜铃。古代天子发布政令时摇它以召集听众。

语言建构与运用

日有所诵

准确、有感情地朗读课文，背诵并积累名句。

提示：①读时要字正腔圆。"字正"就是字音准确，"腔圆"就是发音饱满。②处理好停顿，控制节奏。③把握重读和轻读。④注意语速语调，做到声韵和谐，抑扬顿挫。

句读分明

请给下面一段话加上标点符号。（限6处）

定公问君使臣臣事君如之何孔子对曰君使臣以礼臣事君以忠。

字字落实

请将下列语句翻译成现代汉语。

仪封人请见，曰："君子之至于斯也，吾未尝不得见也。"从者见之。出曰："二三子何患于丧乎？天下之无道也久矣，天将以夫子为木铎。"

_____

_____

参考译文

①孔子讲到《韶》这一乐舞时说："艺术形式美极了，内容也很好。"谈到《武》这一乐舞时说："艺术形式很美，但内容却差一些。"

②孔子说："吃粗粮，喝白水，弯着胳膊当枕头，乐趣也就在这中间了。用不正当的手段得来的富贵，对于我来讲就像是天上的浮云一样。"

③孔子说："一个人没有仁德，他怎么能实行礼呢？一个人没有仁德，他怎么能运用乐呢？"

④ 林放问什么是礼的根本。孔子回答说："你问的问题意义重大！就礼节仪式的一般情况而言，与其奢侈，不如节俭。就丧事而言，与其仪式上治办周备，不如内心真正哀伤。"

⑤ 孔子说："君子没有什么可与别人争的事情。如果有的话，那就是射箭比赛了！比赛时，先相互作揖谦让，然后上场。射完后，又相互作揖再退下来，然后登堂喝酒。这就是君子之争。"

⑥ 孔子说："《关雎》这篇诗，快乐而不放荡，忧愁而不痛苦。"

⑦ 孔子说："居于执政地位的人，不能宽厚待人，行礼的时候不严肃，参加丧礼时也不悲哀，这种情况我怎么能看得下去呢？"

⑧ 仪这个地方的长官请求见孔子，他说："凡是有道德有学问的人到这里来，我从没有见不到的。"孔子的随从学生引他去见了孔子。他出来后（对孔子的学生们）说："你们几位何必为没有官位而发愁呢？天下黑暗的日子已经很久了，上天将以孔夫子为圣人来号令天下。"

思维发展与品质

合作探究

在阅读本课时，你有哪些疑惑不解之处？列出来，并与小组同伴探究。

疑惑1：_____

疑惑2：_____

探究结果：_____

_____

_____

归纳总结

请简要归纳总结，在本课选文之中，孔子（及其弟子）谈论了哪些内容，提出了哪些主张。

_____

_____

审美鉴赏与创造

名句共赏

子曰："饭疏食饮水，曲肱而枕之，乐亦在其中矣。不义而富且贵，于我如浮云。"

【他人评析】孔子极力提倡"安贫乐道"，认为有理想、有志向的君子，不会总是为自己的吃穿住而奔波，"饭疏食饮水，曲肱而枕之"，对于有理想的人来讲，可以说是乐在其中。同时，他还提出，不符合于道的富贵荣华，他是坚决不会接受的，对待这些东西，如天上的浮云一般。这种思想深深影响了古代的知识分子，也为一般老百姓所接受。

【我的评析】_____

_____

明理思辨

孔子讲到《韶》这一乐舞时说："艺术形式美极了，内容也很好。"谈到《武》这一乐舞时说："艺术形式很美，但内容却差一些。"请结合孔子的话，谈一谈你对"尽善尽美"的看法，不少于100字。

_____

_____

文化传承与理解

成语经典

请指出下列各句中的成语，并解释其含义。

1.孔子谓季氏："八佾舞于庭，是可忍也，孰不可忍也？"

成语：_____含义：_____

2.或问禘之说。子曰："不知也。知其说者之于天下也，其如示诸斯乎！"指其掌。

成语：_____含义：_____

3.哀公问社于宰我。宰我对曰："夏后氏以松，殷人以柏，周人以栗，曰使民战栗。"子闻之，曰："成事不说，遂事不谏，既往不咎。"

成语：_____含义：_____

成语：_____含义：_____

4.子贡欲去告朔之饩羊。子曰："赐也！尔爱其羊，我爱其礼。"

成语：_____含义：_____

成语：_____含义：_____

读"语"知理

虽有玉璞,不琢不错
李佳珣

  《潜夫论·赞学》中有云:"虽有玉璞卞和之资,不琢不错,不离砾石。"诚斯言哉!玉石只有经过打磨,才可拥有举世瞩目的光泽;只有流过血的手指,才能弹出世间的绝唱。吃苦是良途,做苦事,用苦心,费苦劲,苦终成为乐。欲拥有真正的快乐,必先踏遍世态炎凉,尝遍生命之苦。

  苦境,是对生命的洗礼。

  前有勾践卧薪尝胆十余载,一朝卷土重来,终成"苦心人,天不负,三千越甲可吞吴"的千古佳话;后有范仲淹青灯苦读,划粥而食的坚定与苦难,成就"先天下之忧而忧,后天下之乐而乐"的警世恒言。若非苦难当前,深渊在侧,贪图享乐岂不构成人生百态?曹植在《矫志》中说:"道远知骥,世伪知贤。"也正是这样的道理。

  苦境,是对人生的升华。

  史公在牢狱,屈子在放逐,曹雪芹十年呕心沥血也始终未能完成红楼一梦。苏子瞻被贬黄州,写下"人生到处知何似,应似飞鸿踏血泥。泥上偶然留指爪,鸿飞那复计东西"。普罗米修斯立于高加索山脉之巅,日夜忍受挖心掏肝之痛,却始终不向宙斯低头,誓不归还火种。虽然苦难如影随形,不离左右,但只要怀坚韧之心,必能拨开云雾见月明。

  苦境,是对灵魂的沉淀。

  "万里归来颜愈少,微笑,笑时犹带岭梅香。"透过苦难与风浪,东坡看见了内心的安定与淡泊。面对苦难与压迫,查尔斯·狄更斯选择了呐喊与反抗,《双城记》《雾都孤儿》横空出世。日本著名音乐家坂本龙一,曾为《末代皇帝》《圣诞快乐，劳伦斯先生》配乐的音乐天才，晚年罹患癌症，病痛交加仍坚持工作。苦难，带来的是洗尽铅华后最安定、最昂扬、最轻柔的淡然。

以苦为乐，境由心生；千淘万漉虽辛苦，吹尽黄沙始到金。无论黑夜如何悠长，黎明终将来临。所以，请相信，一直走，天一定亮。

谁终将点燃闪电，必长久深自缄默；谁终将声震人间，必长久如云漂泊。我自乘苦难之舟，横渡狂云与乱流，直抵人生的彼岸。

请你来点评：＿＿＿＿＿＿＿＿＿＿＿＿＿＿＿＿＿＿＿＿＿

＿＿＿＿＿＿＿＿＿＿＿＿＿＿＿＿＿＿＿＿＿＿＿＿＿＿＿

＿＿＿＿＿＿＿＿＿＿＿＿＿＿＿＿＿＿＿＿＿＿＿＿＿＿＿

苦境可存乐，乐境或化苦

杨子豪

子曰："饭疏食饮水，曲肱而枕之，乐亦在其中矣。"恶劣的条件不能改变孔夫子之乐；"躺平""摆烂"，现在不少人为一时之闲，终入生灵之苦海。故曰：苦境可存乐，乐境或化苦。

善处者，苦境可存乐；不善处者，乐境或化苦。

《格言联璧》中言："贫贱是苦境，能善处者自乐；富贵是乐境，不善处者更苦。"贫者莫如陶渊明，身无分文，却能有"采菊东篱下，悠然见南山"般恬然自得之乐；富者莫如古之纣王，坐殷宫之奢华，贪得无厌，滥用民力，终是鹿台一炬，奢华成空。一个一贫如洗，享无尽之乐，一个天生富贵，受自焚之苦，正是对待苦境与乐境的态度，造成了截然不同的结局。孔子赞叹颜回："一箪食，一瓢饮，在陋巷，人不堪其忧，回也不改其乐。贤哉！回也。"能处苦自乐者，可谓贤者矣。

乐劳者，苦境可存乐；恶劳者，乐境或化苦。

一个喜欢劳动的人，无论在多么艰苦的环境，都能找到自己的快乐。试看中华大地，千千万万农民，他们春种秋收，一年四季都在广袤的田野上耕作不息，当秋收的号角吹响，劳动后收获的喜悦洋溢在他们的脸上；反观不少人，仗着有权有势，家财万贯，于是好吃懒做，游手好闲，他们又怎么能够懂得劳动者的快乐呢？当繁华逝去，他们只能在低俗之中，在漫漫人生之苦中挣扎绝望。一切乐境，都可由劳动得来，一切苦境，都可由劳动解脱。

有志者，苦境可存乐；无志者，乐境或化苦。

西汉文学家扬雄言："修身以为弓，矫思以为矢，立义以为的，奠而后发，发必中矣。"立天下苍生之大义，就能够有"先天下之忧而忧，后天下之乐而乐"之民族、国家富强之大乐。有志者，事竟成，事既成，则乐在其中矣。苏秦悬梁刺股，勾践卧薪尝胆，周总理为中华之崛起而读书，都是在困苦之中，立鸿鹄之志，终成一人佩六国相印，三千越甲可吞吴，中华民族之富强。若无兼济苍生之大志，人生之乐何处可寻？

新的时代，新的未来，21世纪的中华新青年们，更应有淡泊之心，存劳动之德，抱民族之大义，为天地立心，为生民立命，为往圣继绝学，为万世开太平，继往开来，重兴中华之荣光，投身于中华民族伟大复兴的光荣事业之中。宁可在苦海之中上下求索而作乐，不做无益于人民的闲散之徒。

请你来点评：_____

_____

_____

_____

目视星空足踏地，道阻且长吾共征
南一子

物有本末，事有终始，水滴石穿！古人有云："千里之行，始于足下。"诚如斯言，大事必作于细微，难事必起于易处，寻得事物发展本源而功亏未成者，未曾有也。

"致广大而尽精微"，此乃《中庸》中的真知灼见。事之本源，自古之辩也。朱熹秉持易为难之始，掩卷前人之精华，苦读先辈之文化，然后有躬耕而行，着易而举之大义；曾国藩也奉持广必起于细，千楼之厦，起于基石，无际洋流，始于江湖；由小及大，由易到难，实则人生之真理，世间之本则也。

志之所趋，无远弗届。不曾忘，是李大钊同志第一次在泱泱华夏高举起马克思主义的旗帜，为晦涩年华带来新的曙光；不曾忘，是孙家栋院士刻苦疾首于一个个微小的数据，最终实现"犹向苍穹寄情深"的家国大梦；不曾忘，是路遥先生一步一脚印，从小短篇走向了《平凡的世界》，为黄土高原上的人民谱出灵魂的歌谣……由此观之，吾辈唯有脚踏实地，从点滴小事做起，方可实现人生目标。

然古今始之，知之者众而行之者少。

历史更迭，浪潮奔涌，古往今来的画卷中，不少有急功近利而被时代弃之者："乌托帮""理想化社会"的颓唐；因好大喜功而失却实学的"空谈流风"，无一不证明了若只求广大而忽视实际，最终会被时代的滔天巨浪席卷而去。他们未尝不有巧思与远志，只是缺少"行则将至，慎行于微"的志气。

精微如弓，细易为箭，广大为靶，箭在弦上，弓满而发。若无点滴积累之助力，最终也是射无定向，脆绊易散；唯有摒弃骛远之心，着眼本源，方可运气一体，正中眉心。让谨慎行始的清泉流遍潺潺心间；让精微于起的炽热燃透灼灼芳华。

回望泱泱上下五千年，从"临渊羡鱼不如退而结网"的实干精神，到愚公"子子孙孙无穷尽也"的孜孜教诲；从"天下难事，必作于易；天下大事，必作于细"的至理名言，到"慎终如始，久久为功"的不厌劝导，无不充盈着追溯事物本源，由微及繁的人生真理。始于毫末，让合抱之树的根茎屈曲盘旋，屹立不倒；起于累土，让九层高台的视线无远可限。

愿引新思弃糟粕，扬于我华夏，吾辈青年已亭亭，无忧亦无惧。让探寻本源脚踏实地的星河再压满船清梦，开出盛世澎湃之花朵。

请你来点评：_____

_____

_____

_____

（本课编写人：周静）

里仁为美

❶ 子曰："里仁为美①。择不处②仁，焉得知③？"

❷ 子曰："不仁者不可以久处约④，不可以长处乐。仁者安仁⑤，知者利仁。"

❸ 子曰："苟志于仁矣，无恶也。"

❹ 子曰："君子之于天下也，无适⑥也，无莫⑦也，义⑧之与比⑨。"

❺ 子曰："不患无位，患所以立。不患莫己知，求为可知也。"

❻ 子曰："君子喻于义，小人喻于利。"

❼ 子曰："见贤思齐焉，见不贤而内自省也。"

❽ 子曰："父母之年，不可不知也。一则以喜，一则以惧。"

❾ 子曰："德不孤，必有邻。"

❿ 子游曰："事君数⑩，斯⑪辱矣。朋友数，斯疏矣。"

注释

① ［里仁为美］里，住处，借作动词用。住在有仁者的地方才好。

② ［处］居住。

③ ［知］（音zhì），同智。

④ ［约］穷困、困窘。

⑤ ［安仁、利仁］安仁是安于仁道；利仁是认为仁有利自己才去行仁。

⑥ ［适］（音dí），意为亲近、厚待。

⑦ ［莫］疏远、冷淡。

⑧ ［义］适宜、妥当。

⑨ ［比］亲近、相近、靠近。

⑩ ［数］（音shuò），屡次、多次，引申为烦琐。

⑪ ［斯］就。

语言建构与运用

日有所诵

准确、有感情地朗读课文，背诵并积累名句。

提示：①读时要字正腔圆。"字正"就是字音准确，"腔圆"就是发音饱满。②处理好停顿，控制节奏。③把握重读和轻读。④注意语速语调，做到声韵和谐，抑扬顿挫。

句读分明

请给下面一段话加上标点符号。（限10处）

子曰我未见好仁者恶不仁者好仁者无以尚之恶不仁者其为仁矣不使不仁者加乎其身有能一日用其力于仁矣乎我未见力不足者盖有之矣我未之见也。

字字落实

请将下列语句翻译成现代汉语。

子曰："富与贵，是人之所欲也；不以其道得之，不处也。贫与贱，是人之所恶也；不以其道得之，不去也。君子去仁，恶乎成名？君子无终食之间违仁，造次必于是，颠沛必于是。"

_____

_____

参考译文

①孔子说："跟有仁德的人住在一起，才是好的。如果你选择的住处不是跟有仁德的人在一起，怎么能说你是明智的呢？"

②孔子说："没有仁德的人不能长久地处在贫困中，也不能长久地处在安

乐中。仁人是安于仁道的，有智慧的人则是知道仁对自己有利才去行仁的。"

③ 孔子说："如果立志于仁，就不会做坏事了。"

④ 孔子说："君子对于天下的人和事，没有固定的厚薄亲疏，只是按照义去做。"

⑤ 孔子说："不怕没有官位，就怕自己没有学到赖以站得住脚的东西。不怕没有人知道自己，只求自己成为有真才实学，值得被人们知道的人。"

⑥ 孔子说："君子明白大义，小人只知道小利。"

⑦ 孔子说："见到贤人，就应该向他学习、看齐，见到不贤的人，就应该自我反省（自己有没有与他相类似的错误）。"

⑧ 孔子说："父母的年纪，不可不记在心里。一方面为他们的长寿而高兴，一方面又为他们的衰老而恐惧。"

⑨ 孔子说："有道德的人是不会孤单的，一定会有思想一致的人与他相处。"

⑩ 子游说："侍奉君主太过烦琐，就会受到侮辱。对待朋友太烦琐，就会被疏远了。"

思维发展与提升

合作探究

在阅读本课时，你有哪些疑惑不解之处？请列出来，并与小组同伴探究。

疑惑1：＿＿＿＿＿＿＿＿＿＿＿＿＿＿＿＿＿＿＿＿＿＿

疑惑2：＿＿＿＿＿＿＿＿＿＿＿＿＿＿＿＿＿＿＿＿＿＿

探究结果：＿＿＿＿＿＿＿＿＿＿＿＿＿＿＿＿＿＿＿＿

＿＿＿＿＿＿＿＿＿＿＿＿＿＿＿＿＿＿＿＿＿＿＿＿＿＿

归纳总结

在本课选文之中，孔子谈到了哪些话题？每个话题下有些什么观点？请按话题为选文分类，并用自己的话概括每个话题下的观点。

格式举例：

话题1：……观点：……………

审美鉴赏与创造

名句共赏

子曰："见贤思齐焉，见不贤而内自省也。"

【他人评析】本章谈的是个人道德修养问题。这是修养方法之一，即见贤思齐，见不贤内自省。实际上这就是取别人之长补自己之短，同时又以别人的过失为鉴，不重蹈别人的覆辙，这是一种理性主义的态度，在今天仍不失为精辟之见。

【我的评析】

明理思辨

孔子说："侍奉父母，（如果父母有不对的地方），要委婉地劝说他们。（自己的意见表达了，）看到自己的心意没有被父母听从，还是要对他们恭恭敬敬，并不违抗，虽然忧愁但不怨恨。"（子曰："事父母几谏，见志不从，又敬不违，劳而不怨。"）

生活当中你是这样的人吗？结合自己与父母的相处，谈一谈这段话对你的启发。

文化传承与理解

成语经典

请指出下列各句中的成语，并解释其含义。

1. 子曰："朝闻道，夕死可矣。"

　　成语：＿＿＿＿＿＿含义：＿＿＿＿＿＿＿＿＿＿＿＿＿＿＿

2. 子曰："士志于道，而耻恶衣恶食者，未足与议也。"

　　成语：＿＿＿＿＿＿含义：＿＿＿＿＿＿＿＿＿＿＿＿＿＿＿

3. 子曰："君子欲讷于言而敏于行。"

　　成语：＿＿＿＿＿＿含义：＿＿＿＿＿＿＿＿＿＿＿＿＿＿＿

4. 子曰："人之过也，各于其党。观过，斯知仁矣。"

　　成语：＿＿＿＿＿＿含义：＿＿＿＿＿＿＿＿＿＿＿＿＿＿＿

5. 子曰："参乎！吾道一以贯之。"曾子曰："唯。"子出，门人问曰："何谓也？"曾子曰："夫子之道，忠恕而已矣。"

　　成语：＿＿＿＿＿＿含义：＿＿＿＿＿＿＿＿＿＿＿＿＿＿＿

文化常识

　　言偃（公元前506年—公元前443年），字子游，又称言游、叔氏，春秋末期吴国人。思想家，"孔门七十二贤"中唯一的南方弟子，"孔门十哲"之一。擅长文学，曾任鲁国武城县令，阐扬孔子学说，使用礼乐教化士民，境内到处有弦歌之声，为孔子所称赞"吾门有偃，吾道其南"，人称"南方夫子"。受颜氏之儒曾子排挤，由于祭礼意见不合于曾子师弟，（小敛之奠，子游曰："于东方。"曾子曰："于西方。"）被迫离开鲁国，是南方之孔子学说的传播者。子游的儒学思想曾为历代人们所推崇，元代翰林学士张起岩称："夫以周之季世，列国争雄，功私是尚，以吴人乃能独悦周公仲尼之道。"

读 "语" 知理

且将试错做蓑衣，何须忧愁远行人

陈薪旭

米兰·昆德拉曾说："生活是一张永远无法完成的草图，是一次永远无法正式上演的彩排，人们面对抉择时完全没有判断的依据。我们既不能把它们与我们以前的生活相比，也无法使其完美之后再来度过。"其言不谬，面对未知生活，我们要勇于试错，理性试错，从错误中学习。

试错可培养批判性思维，铸自我之深度。

在错误中学习，我们可以培养批判性思维。批判自我，有吾日三省吾身的深刻反思，反求诸己的剖析问证；批判外界，有"白眼观天下"的审视判断，洞若观火的透彻沉思。虽然在这些批判的过程中，我们可能会因一叶障目，从而逆行倒施，走上错误的道路，但在这些试错的过程中，我们可学习曾文正公温经自省，以"禽里还人，静由敬出"自诫，成就晚清半圣的精神，可与暗流抗衡，在"娱乐至死"的狂潮中冷静自持，在充盈着恶意和谩骂声的新闻评论区为真相发声。不必害怕批判过程中可能遇到的错误，勇于试错，正如尼采所言："没有可怕的深度，就没有美丽的水面。"在错误中自省，成就批判思维。

试错可培养创新思维，充盈自我之丰度。

若一味追求保守而害怕试错，在腐朽老旧的道路上兀兀穷年，只会陷入陈腔滥调的泥沼。且看北宋画家崔白，在北宋"黄派"奢靡华丽的宫廷画盛行之际，他大胆创造，率马以骥，在无数次的试错过程中，力求质朴纯真，营造清新淡雅的意境，开创北宋花鸟画的先河，扭转靡废委顿的画风。再观新文化运动先驱胡适，在文化推广受挫之际，他无数次试错，敏锐地观察到晦涩的文言文阻碍文化推广，一篇《文学改良刍议》掀起推广白话文的滔天巨浪。自此，普通群众会因《狂人日记》里狂人的自述而愤慨，会因《社戏》里一句"一直到现在，我实在再没有吃到那夜似的好豆，也不再看到那夜似的好戏了"而叹惋，情感的琴弦被拨动。先贤登锋履刃，在试错过程中大胆创造，为惶惶世道开拓出无上荣年。

然而勇于试错不是莽撞盲从，我们要甄别错误，考量成本，审慎思考，提高认知。其实，并非所有试错都值得提倡。不能说我在毒品吸食的错误中领悟生命珍贵的真谛；不能说我在恶意霸凌他人的错误中得到友谊可贵的箴言。原则性的错误不能犯，犯了只会万劫不复，再难有重来的机会。

白落梅在《你若安好便是晴天——林徽因传》中写道："人只有把寂寞坐断，才可以重拾喧闹；把悲伤过尽，才可以重见笑颜；把苦难尝遍，就会自然回甘。"朗照中国悠悠往日，先贤勇于试错，才留下过往丰碑座座。试错精神更是我辈中国青年所不可废远。然试错需谨慎，理性试错，方穷达山海。

【点评】本文标题化用诗词，文采斐然，令人眼前一亮。结构清晰，将论点单独成段，由正及反，富有思辨价值，将材料意蕴准确提炼和表达，使读者于名言、于典故、于娓娓道来的说理中窥见作者的深刻思想。

勇者有智
包桢妮

波普尔将科学归结为"从错误中学习"而引来的一系列成果，点明了试错的意义与重要性。然而，面对未知，我们却不能鼓励无意义的"莽夫式试错"。

由此推而广之，在社会生活中，我们当勇于且善于试错。

勇者无畏，敢拓荒地不怕错。"第一个吃螃蟹的人是很令人佩服的，不是勇士谁敢去吃它呢"，未知是一条浓黑的长河，而真知灼见便是河底隐隐发光的金石。只有勇敢者才能收获这份宝藏。是袁隆平毅然扎身杂交水稻研究数十载，成就"杂交水稻之父"，梦成万千稻香；是鲁迅于复古逆流中写下第一本白话小说《狂人日记》，不朽于文史，推动新文化运动持续向前；也是八步沙六老汉十年八林场，书写人进沙退的中国奇迹，为生态治理保驾护航。何可胜道言哉！是这些无畏勇者的敢于试错，为新事业的发展注入强劲动力。

思而后勇，巧取成功不荒废。溯古视今，勇者无数，然成就大事业者少之又少。何也？不能思辨所行，错把光阴虚付，怎能有所作为？如此者且看拿破仑：横扫欧洲封建势力，何其勇猛，然，不思成败所来，孤勇而行滑铁卢，百日政权轰然不复存，流放孤岛黯然离世。悲也，叹也！再看罗斯福新政，开资本主义国家干预经济之新模式，带领美国走出经济大危机的黑影，留名史册，椒花传香。彼时，亦有人批评贬斥，视其为匹夫之勇。不过，罗斯福不是拿破仑，他用狮子的勇敢与狐狸的机敏为新政成功保驾。这正是孔子的"君子不忧不惧"，敬畏规律，从客观实际出发，做有智慧的勇者，免于无意义的试错损失。

可是又有人发出了这样的疑问：孔子之"知其不可为而为之"岂不是匹夫之勇？呜呼哀哉，彼之言，吾未见其明也。圣人知其不可为而为非无智之勇，他晓得自己的事业在春秋战国必然不能成就，但仍选择去做。夫子实乃有智之勇者，他是在为后世留一道真光，照亮万古黑夜，指引民族前行的方向。圣人之事业有大成功，何来败也？他早已试错，诚知此时错非永时错，于是欣然前行。如此言论，不过是混淆概念。

故而，于百年未有之大变局中，未知之事广繁不可究时，吾侪青年当勇于试错，更敢于试错。行动前把握全局，客观分析利弊之后，勇气高涨不减，此事方可为。

残花落更开，小楼檐日日有燕飞来，试错或成或败的景象已在此上演无数次。青年如你我，当作有志之勇者，敢于试错且善于试错，去仰望霜夜无穷玄妙，去摘下成功之星光灿烂吧！

【点评】此篇文章结构精妙，论题鲜明，用语考究。首段照应材料，鲜明直接；论证善用反问，有理有据，更为立论蓄势；论据选用得当，涵盖古今中外，可谓举类迩而见义远；用语蕴藉隽永，化用古文为己所有，灵动通达可见一斑；结尾卒章显志，升华主旨，弘扬试错精神，呼吁广大青年勇于试错、善于试错，现实意义丰富。层层深入，意境深邃，筋骨分明，血肉丰满，不失为一篇上乘之作。

要大国崛起，也要小民尊严

杨斯涵

自古以来，"大国"与"小民"的关系就是人们热衷探索的话题。有人说，"捐躯赴国难，视死忽如归"，有人说，"强盛的国家才能托举起强大的科幻产业"。而也有人说，"我不在乎大国崛起，只在乎小民尊严"。而我认为，在当今历史阶段，我们要大国崛起，也要小民尊严。因为二者本不冲突。

大国的崛起促进个人尊严的实现。

国家为个人提供必要的物质资料与文化资料，如果综合国力落后，势必阻碍个人发展，而这类例子在历史中屡见不鲜。文采斐然如幼安，也只能在积贫积弱的南宋，含着愤恨长啸一声"西北望长安，可怜无数山"；自由旷达如李贽，也空得在思想严重专制的清初藏匿几本《焚书》。老子说，"六亲不和，有孝慈；国家昏乱，有忠臣"，然而"忠臣"在倾颓的国家前，最多也只能"临危一死报君王"。所以国家进步，为个人成功奠定基础。

个人尊严的实现推动大国崛起的进程。

从"少年强则国强"到"我以我血荐轩辕"，从辛亥年的枪声到如今的战斗，无一不是先进同胞们在砥砺自我中促成民族复兴。内忧外患的1919年，是走上北京街头振臂高呼"外争国权，内惩国贼"的他们争取自由，推动思想解放；风雨如晦的20世纪，是不甘自己一生封于铁屋子中的他们，以笔为戈，打开了天窗，促进了国民的觉醒。他们是进步学生，是普通工人，是鲁迅陈独秀李大钊……然而也可以是你我。以个人生命的追寻激荡大国崛起的风潮，是青春的本色。

大国崛起和小民尊严的实现在理性中统一、相互促进。

在国际形势风起云涌烟波诡谲的今天，我们更频繁地谈到"大国崛起"与"小民尊严"，正是因为纷杂的时代中，太多人容易迷失。不在乎大国崛起，往往形成极端的个人主义；而只在乎大国崛起，多少人又成了肆意打着"爱国"旗号攻击同胞、伤害同胞的施暴者。来到网络，个别人崇洋媚外、贬低祖国的言论令人愤懑；走进现实，同胞们外国进口车辆上的油漆与刮痕又怎么不令人心寒？理性爱国，既是基本的方向保证，也是基本的个人保护。唯有理性

爱国，才能在国家复兴的进程中保护小民个性，又以小民成功促成国家进步。

如今时代风云激荡，历史大任在前，而国际国内的魔幻现实在后。我们既要大国崛起，也要小民尊严，方可用理性，用奋斗，用拼搏将小我置于大国之中，让生命在国家大任的涛声中激荡。

请你来点评：_____

_____

_____

_____

（本课编写人：王恒珩）

单元学习任务

1.《论语》是一部优秀的传统文化经典，它凝聚了中华民族的智慧和思想，是中华文化的宝藏。《论语》里孔子及各位弟子的形象个性鲜明，子贡评论孔子"夫子温、良、恭、俭、让以得之"。通过本单元的学习，孔子在你心中留下了怎样的形象？请写出来，并与同学交流。

2. 在古代，《论语》既是治国理政者的必修课本，也是读书求仕者的言行基础，今天，阅读《论语》既对社会伦理道德、公序良俗、思想文化产生重要影响，也对个人成长教育、修身养性至关重要。"见贤思齐焉，见不贤而内自省也"，孔子历来重视自我反省和检查，请结合本单元内容，谈谈哪些句子对你的思想产生了影响，摘抄下来，做点儿批注。

3. 孔子等先贤们对社会、人生、历史的深刻思考，至今还能给我们很多启发。阅读这些《论语》名句，既要充分理解先贤的思想，也要立足现实，自主思考。从以下两个话题中任选其一，写一篇不少于800字的议论文，阐述你的观点。

话题1：孔子说"不患人之不己知，患不知人也"。孔子对认识自己和认识别人有独到的看法，请结合现实，谈谈你对"认识自己和认识他人"的看法。

话题2："君子周而不比，小人比而不周。""君子坦荡荡，小人长戚戚。"《论语》里多次对君子和小人进行了阐释，你是如何认识君子和小人的？

4. 学习文言文，需要多诵读，有意识地积累一些词语和语法知识，逐步形成文言语感。如文言中一些常见的实词，义项较多，可用卡片记录下来，梳理总结不同义项及相关例句，并根据学习情况随时增补新的内容。仿照示例，为本单元的一些义项较多的实词制作卡片。

示例：

一词多义

文言
实词
卡片

> 实词　　　　　　　　　　　　知
>
> 义项① 　了解
>
> 例句　人不知而不愠，不亦君子乎？（《论语·学而》）
>
> _____
>
> 义项② 　懂得
>
> 例句　知知者不如好之者，好知者不如乐知者。（《论语·雍也》）
>
> _____
>
> 义项③ 　得到
>
> 例句　温故而知新，可以为师矣。（《论语·为政》）
>
> _____
>
> 义项④ 　通"智"，智慧
>
> 例句　知之为知之，不知为不知，是知也。（《论语·为政》）
>
> _____
> _____

（本课编写人：任志芳）

第二单元

仁而不佞

仁而不佞

❶ 或曰："雍①也仁而不佞②。"子曰："焉用佞? 御人以口给③，屡憎于人。不知其仁④，焉用佞? "

❷ 子曰："吾未见刚者。"或对曰："申枨⑤。"子曰："枨也欲，焉得刚? "

❸ 子贡曰："我不欲人之加诸我也，吾亦欲无加诸人。"子曰："赐也，非尔所及也。"

❹ 子贡曰："夫子之文章⑥，可得而闻也。夫子之言性⑦与天道⑧，不可得而闻也。"

❺ 子路有闻，未之能行，唯恐有闻。

❻ 子谓子产⑨："有君子之道四焉：其行己也恭，其事上也敬，其养民也惠，其使民也义。"

❼ 子曰："伯夷、叔齐⑩不念旧恶⑪，怨是用希⑫。"

❽ 子曰："已矣乎! 吾未见能见其过而内自讼者也。"

① ［雍］姓冉名雍，字仲弓，生于公元前522年，孔子的学生。

② ［佞］（音nìng），能言善辩，有口才。

③ ［口给］言语便捷、嘴快话多。

④ ［不知其仁］指有口才者有仁与否不可知。

⑤ ［申枨］枨，（音chéng）。姓申名枨，字周，孔子的学生。

⑥ ［文章］这里指孔子传授的诗书礼乐等。

⑦ ［性］人性。《阳货篇》第十七中谈到性。

⑧ ［天道］天命。《论语》中，孔子多处讲到天和命，但不见有孔子关于天道的言论。

⑨ ［子产］姓公孙名侨，字子产，郑国大夫，做过正卿，是郑穆公的孙子，为春秋时郑国的贤相。

⑩ ［伯夷、叔齐］殷朝末年孤竹君的两个儿子。

⑪ ［不念旧恶］父亲死后，二人互相让位，都逃到周文王那里。周武王起兵伐纣，他们认为这是以臣弑君，是不忠不孝的行为，曾加以拦阻。周灭商统一天下后，他们以吃周朝的粮食为耻，逃进深山中以野草充饥，饿死在首阳山中。

⑫ ［希］同"稀"。

语言建构与运用

日有所诵

采用多种形式朗读课文，注意读音和节奏。背诵并积累名句。

提示：①读时要字正腔圆。"字正"就是字音准确，"腔圆"就是发音饱满。②处理好停顿，控制节奏。③把握重读和轻读。④注意语速语调，做到声韵和谐，抑扬顿挫。

句读分明

请给下面画线句子加上标点符号。（限23处）

<u>子张问曰令尹子文三仕为令尹无喜色三已之无愠色旧令尹之政必以告新令尹何如子曰忠矣曰仁矣乎曰未知焉得仁崔子弑齐君陈文子有马十乘弃而违之至于他邦则曰犹吾大夫崔子也违之之一邦则又曰</u>："'犹吾大夫崔子也。'违之，何如？"子曰："清矣。"曰："仁矣乎？"曰："未知，焉得仁？"

字字落实

请将下列语句翻译成现代汉语。

子曰："巧言、令色、足恭，左丘明耻之，丘亦耻之。匿怨而友其人，左丘明耻之，丘亦耻之。"

参考译文

① 有人说："冉雍这个人有仁德但不善辩。"孔子说："何必要能言善辩呢？靠伶牙俐齿和人辩论，常常招致别人的讨厌。这样的人我不知道他是不是

做到仁，但何必要能言善辩呢？"

② 孔子说："我没有见过刚强的人。"有人回答说："申枨。"孔子说："申枨这个人欲望太多，怎么能刚强呢？"

③ 子贡说："我不愿别人强加于我，我也希望不要强加在别人身上。"孔子说："赐呀，这就不是你所能做到的了。"

④ 子贡说："老师讲授的礼、乐、诗、书的知识，依靠耳闻是能够学到的；老师讲授的人性和天道的理论，依靠耳闻是不能够学到的。"

⑤ 子路在听到一条道理，但没有能亲自实行的时候，唯恐又听到新的道理。

⑥ 孔子评论子产说："他有君子的四种道德：他自己行为庄重，他侍奉君主恭敬，他养护百姓用恩惠，他役使百姓用法度。"

⑦ 孔子说："伯夷、叔齐两个人不记人家过去的仇恨，（因此，别人对他们的）怨恨也就少了。"

⑧ 孔子说："完了！我还没有看见过能够看到自己的错误而又能从内心责备自己的人。"

思维发展与品质

合作探究

在阅读本课时，你有哪些疑惑不解之处？列出来，并与小组同伴探究。

疑惑1：_____

疑惑2：_____

探究结果：_____

_____

归纳总结

请简要归纳总结，在本课选文之中，孔子（及其弟子）谈论了哪些内容，提出了哪些主张。

_____

_____

审美鉴赏与创造

名句共赏

子贡曰："夫子之文章，可得而闻也。夫子之言性与天道，不可得而闻也。"

【他人评析】在子贡看来，孔子所讲的礼乐诗书等具体知识是有形的，只靠耳闻就可以学到了，但关于人性与天道的理论，深奥神秘，不是通过耳闻就可以学到的，必须进行内心的体验，才有可能把握得住。

【我的评析】_____

_____

_____

明理思辨

在下列文段中，子路、颜渊、孔子都谈到了各自的志向，对此你如何评价？你的志向是什么？

颜渊、季路侍。子曰："盍各言尔志？"子路曰："愿车马衣轻裘与朋友共敝之而无憾。"颜渊曰："愿无伐善，无施劳。"子路曰："愿闻子之志。"子曰："老者安之，朋友信之，少者怀之。"

_____

_____

文化传承与理解

成语经典

请指出下列各句中的成语，并解释其含义。

1. 子贡问曰："孔文子何以谓之'文'也？"子曰："敏而好学，不耻下问，是以谓之'文'也。"

成语：＿＿＿＿＿＿含义：＿＿＿＿＿＿＿＿＿＿＿＿＿＿＿＿＿＿

成语：＿＿＿＿＿＿含义：＿＿＿＿＿＿＿＿＿＿＿＿＿＿＿＿＿＿

2. 子谓子贡曰："女与回也孰愈？"对曰："赐也何敢望回？回也闻一以知十，赐也闻一以知二。"子曰："弗如也，吾与女弗如也。"

成语：＿＿＿＿＿＿含义：＿＿＿＿＿＿＿＿＿＿＿＿＿＿＿＿＿＿

3. 宰予昼寝。子曰："朽木不可雕也，粪土之墙不可杇也。于予与何诛？"子曰："始吾于人也，听其言而信其行；今吾于人也，听其言而观其行。于予与改是。"

成语：＿＿＿＿＿＿含义：＿＿＿＿＿＿＿＿＿＿＿＿＿＿＿＿＿＿

4. 子曰："晏平仲善与人交，久而敬之。"

成语：＿＿＿＿＿＿含义：＿＿＿＿＿＿＿＿＿＿＿＿＿＿＿＿＿＿

5. 季文子三思而后行。子闻之，曰："再，斯可矣。"

成语：＿＿＿＿＿＿含义：＿＿＿＿＿＿＿＿＿＿＿＿＿＿＿＿＿＿

6. 子在陈，曰："归与！归与！吾党之小子狂简，斐然成章，不知所以裁之。"

成语：＿＿＿＿＿＿含义：＿＿＿＿＿＿＿＿＿＿＿＿＿＿＿＿＿＿

读"语"知理

以乐渡苦 以苦警乐

莫媛媛

冰心说："生命中不是永远快乐，也不是永远痛苦。快乐和痛苦是相生相成的。"苦与乐哪个都不会一直主宰我们的人生，二者的航向永远决定于掌舵者自己。通过痛苦，得到欢乐；身处欢乐，勿忘痛苦。以坚韧之志、乐观之心面对苦境；以居安思危、积极作为之态度面对乐境，人生又达一新境界。

苦，亦作乐的罗马大道；乐，亦作苦的灿烂结晶。

君可见，浩瀚的史海之中诞生了诸多大能：亦如著"史家之绝唱，无韵之《离骚》"的司马迁，亦如尝百草著医书的李时珍，再如游列国传儒学的亚圣孟子。大家的成功之乐背后是多年的沉潜之苦。苦境之中若不怀着对乐的结晶的期望，他们又何能有大的作为？一蹴而就的乐境若不在苦的修饰下，凭着史书上寥寥数语的记载，又怎能反馈给后世，引起后人的传颂与喜爱呢？

苦，亦作乐的生命华章；乐，亦作苦的动力源。

人生之事，十有八九不如意，乐境的匮乏却并不是我们沉溺于苦境之中的理由。看看史铁生与地坛，看看海伦·凯勒对光明的希冀，再看看霍金对宇宙的畅想。

他们在人世间的苦境已经比我们多太多了，残疾亦如阴影，折断生命的翅膀，可他们于苦境中逆行，怀着乐的希冀，思考人生，思考苦难带给他们的意义，终将绽放生命中最绚烂的花朵。

苦，亦作乐的警醒之钟；乐，亦作苦的前行目标。

旧时的中国苦难不已，封建势力、军阀混战、外来侵略三座大山压在国家的上空。家破人亡已为常态的年代苦吗？怎么不苦呢，可国家崛起、民族复兴之乐是万千中国人民眼里的光、指引的灯塔。我们不断前行，浴血奋战，迎来如今的万家灯火，国家富强。

而当今一派和平之下又暗含了国际中多少暗流涌动呢？居安思危亦是我们的处世之心，努力学习，继续奋斗，将如今的中国建成一个真正的乐境，亦是我们这辈人人生的一大目标与追求。

苦境乐境会不停转化，但只要我们以乐观之心面对苦境，以居安思危之心面对乐境，你所经历的一切将会以最好的姿态定格，你的未来也会铺满鲜花。

请你来点评：_____

_____

_____

_____

乾乾终日，勇谨试错
肖梓涵

误由何生？其境分三重，一为"空山无人，水自花开"，即顺应自然，接纳错误，二乃"一江风月，万古长青"，即勇立潮头，敢于试错，三乃"谨言慎行，能避误，何不为也？"乾乾终日，勇谨试错。

何为误？是失之交臂，是折戟沉沙，是晋文公误听谗言，世间正误似盈虚之于日月，起伏之于滂潮。波谲云诡，白衣苍狗，吾辈青年，应敢于与天比高，敢问春秋诸侯，敢踏尽平芜，自至春山，勇于试错，但不盲目试错。

韬光逐薮，含彰未曜，应怀虚心接纳错误，敢于试错，即勇。

诚知上自春秋孔孟之学，再到战国商鞅变法，其皆敢于试错。君且看，古有孔子纵横春秋，游说宣讲，倡儒学，致礼仪，然其屡败屡错，皆被国君所拒，唯因其说不适于春秋之局势也。然其敢于试错，著书立学，成百家争鸣之华章。君且看，近有康梁之辈，倡维新思想，公车上书，首开士人干政之局。其间，世风异变，民族救亡之说盛行，功在此。然其主张废八股，裁冗官，操之过急，触顽固之势，美政弗行，歌于丘皋，流亡他国。此间虽有错，然其敢于试错，终推动民族思想之清阳曜灵，和风容与之境。君且看，今有邓建军于强流脉冲加速器研发中屡屡试错，不断调整改进，集日月，沃众生，终砺就锋锷。先辈敢于试错，开拓境界，吾辈亦应习之。

谨言慎行，先思后试，应明悟事理，夯基固本，即谨。

"反者道之动"，中国人既明悟万事兴衰之道，又受世道绾摄，因资源局囿，生若飙尘，试错亦无须臾不被风险拥围，君可见，试错之时，应澄思渺虑，谋无遗谞，此谓怀谨试错。君且看，古有王安石变法，其大力革新，然不虑其果，虽有勇，然试错代价之大。有林则徐言"苟以国家生死以，岂因祸福避趋之"，然能避患，何不为也？先有个人之安，方能以木铎之心，桑榆报国。璀错而岑伟，君不见，中国航天人于毫厘之间，于焊接的浩繁之间，将严谨试错贯穿始终，崔嵬而崇萃，大国之重器，理应承先人之志，严谨试错。诚如斯言，试错应有度，不宜盲目为之。

葳蕤福泽，延彼遐龄，吾辈青年，适度试错，即勇谨。

历史的铿锵跫音激荡百年，在当下这崔嵬与大道并存，凋荑与菡萏齐飞的年代，吾辈青年应怀勇试错，怀谨试错，习梁启超先生笔下的乳虎与春草，行囊里装着赤诚和试错的勇气，习五四先辈，红楼飞雪，高歌爱国民主科学，忆昔长别，阳关三叠，狂歌曾竟夜，收拾山河，赴百年之约。乾乾终日，勇谨试错！

【点评】文章精确切题，语言锦謷。紧扣试错，开门见山，提出试错三境，展开论述，由古至今，立足青年，具有现实意义。结构上，简洁清晰，层层递进，由勇至谨，得出适度试错之论，结尾照应标题，收束全文，浑然一体。内容上，在历史经验中凝聚，望晋文公，见商鞅，历经千年，仿佛与先人重逢，长歌不散，试错经验永存。

济国达己，以一尘心照尘寰
隆雨嘉

不害微芒，造炬成阳。家国情怀自古根植于中华优秀传统文化。而有关"小我"与"大国"的关系，万世圣贤争论不休。"穷则独善其身，达则兼济天下。""先天下之忧而忧，后天下之乐而乐。"……而在我看来，为己安身与为国立命，二者并不冲突与矛盾，而是水乳交融、相互交织的关系。济国兼以达己，我唯愿以一尘心照尘寰。

达己是济国的前提与根基。无埃尘何以聚黄沙？无涓流何以汇大江？有小方有大。国家是无数个体的集合，正是不计其数的个人成功才推动了国家进步。我愿做鲁迅先生笔下"寄意寒星荃不察，我以我血荐轩辕"的那个小己，于动荡年代为生民呐喊，我愿做陆放翁笔下"位卑未敢忘忧国，事定犹须待阖棺"的那个小己，即使僵卧孤村，仍不暇自哀，犹梦铁马思驱敌人，我愿做毛泽东笔下"遍地哀鸿遍地血，无非一念救苍生"的那个小己，纵然不能成为一代枭雄，好歹不能愧对天地与自己。

烟火之绚烂，在于其凝聚了万千光点萤星。吾辈青春当自强，以小我之力助推中国之大梦。

济国是达己的目标与方向。不知多少文人在年少时读到横渠先王的"为天地立心，为生民立命，为往圣继绝学，为万世开太平"时都曾动过心头血，遥想自己今后能成就一世无双国士，能力扛江山万万年。是焉！吾辈之初心又何尝不是如此？在日拱一卒的成长途中肩负己任，永不忘却济国之使命。

北斗人数十载勇取追梦，将敦煌壁画上的雄奇飞天付诸现实，这是中国人的浪漫；乡村女教师张桂梅以自身为红烛提灯，为贫寒学子走出大山照彻江河，助力乡村振兴与脱贫攻坚，这是达己亦达人，济生亦济国……正如《三国志》中说道："冀以尘雾之微补益山海，荧烛末光增辉日月。"以小我济大国，辰星光点汇银河璀璨，怎能让人不心生敬意？

蚍蜉可撼树，愚公可移山。是焉，达己亦可济国，达己方能济国。千人万人，千行百业，哪一样不是将个人成功与国家进步紧密联系？边防战士戍守我华夏万顷疆土，以生命赴使命；缉毒警察勇追险恶，奋不顾身的背影、光明的怀抱永向世界开敞；白衣逆行者应祖国之号召，即便身疲体劳依旧绽放出泛着泪光的微笑。

强盛的国家为万民生计托举起有力的支撑，万民的奋斗成就国家的繁荣。达己是济国的途径，更是济国的核心奥义所在。"可上九天揽月，可下五洋捉鳖，谈笑凯歌还。"吾辈正值大好年华，面对百年未有之大变局，有的是力气与冲劲投入火热的社会实践之中。定当济国达己，以一尘心照尘寰！

请你来点评：_____

_____

_____

_____

（本课编写人：唐艳）

人之生也直

❶ 子曰："人之生也直，罔①之生也幸而免。"

❷ 仲弓问子桑伯子。子曰："可也，简②。"仲弓曰："居敬③而行简④，以临⑤其民，不亦可乎？居简而行简，无乃⑥大⑦简乎？"子曰："雍之言然。"

❸ 子曰："知之者不如好之者，好之者不如乐之者。"

❹ 子曰："回也，其心三月⑧不违仁，其余则日月⑨至焉而已矣。"

❺ 宰我问曰："仁者，虽告之曰'井有仁⑩焉'，其从之也？"子曰："何为其然也？君子可逝⑪也，不可陷⑫也；可欺也，不可罔也。"

❻ 子曰："君子博学于文，约⑬之以礼，亦可以弗畔⑭矣夫。"

❼ 子曰："中庸⑮之为德也，其至矣乎！民鲜久矣。"

❽ 子曰："十室之邑，必有忠信如丘者焉，不如丘之好学也。"

① [罔] 诬罔不直的人。

② [简] 简要、不烦琐。

③ [居敬] 为人严肃认真，依礼严格要求自己。

④ [行简] 指推行政事简而不繁。

⑤ [临] 面临、面对。此处有"治理"的意思。

⑥ [无乃] 岂不是。

⑦ [大] 同"太"，读。

⑧ [三月] 指较长的时间。

⑨ [日月] 指较短的时间。

⑩ [仁] 这里指有仁德的人。

⑪ [逝] 往。这里指到井边去看并设法救之。

⑫ [陷] 陷入。

⑬ [约] 一种释为约束；一种释为简要。

⑭ [畔] 同"叛"。

⑮ [中庸] 谓之无过无不及。庸，平常。

语言建构与运用

日有所诵

采用多种形式朗读课文，注意读音和节奏。背诵并积累名句。

提示：①读时要字正腔圆。"字正"就是字音准确，"腔圆"就是发音饱满。②处理好停顿，控制节奏。③把握重读和轻读。④注意语速语调，做到声韵和谐，抑扬顿挫。

句读分明

请给下面句子加卜标点符号。（限13处）

子华使于齐冉子为其母请粟子曰与之釜请益曰与之庾冉子与之粟五秉子曰赤之适齐也乘肥马衣轻裘吾闻之也君子周急不继富。

字字落实

请将下列语句翻译成现代汉语。

子曰："质胜文则野，文胜质则史。文质彬彬，然后君子。"

_____

_____

参考译文

① 孔子说："一个人的生存是由于正直，而不正直的人也能生存，那只是他侥幸地避免了灾祸。"

② 仲弓问孔子：子桑伯子这个人怎么样。孔子说："此人还可以，办事简要而不烦琐。"仲弓说："为人恭敬严肃而行事简要，像这样来治理百姓，不

是也可以吗？（但是）自己马马虎虎，又以简要的方法办事，这岂不是太简单了吗？"孔子说："冉雍，这话你说得对。"

③ 孔子说："懂得它的人，不如爱好它的人；爱好它的人，又不如以它为乐的人。"

④ 孔子说："颜回这个人，他的心可以在长时间内不离开仁德，其余的学生则只能在短时间内做到仁而已。"

⑤ 宰我问道："对于有仁德的人，别人告诉他'井里掉下去一位仁人啦'，他会跟着下去吗？"孔子说："为什么要这样做呢？君子可以到井边去救，却不会陷入井中；君子可能被欺骗，但不可能被迷惑。"

⑥ 孔子说："君子广泛地学习古代的文化典籍，又以礼来约束自己，也就可以不离经叛道了。"

⑦ 孔子说："中庸作为一种德行，该是最高的了吧！人们缺少这种德行已经为时很久了。"

⑧ 孔子说："即使只有十户人家的小村子，也一定有像我这样讲忠信的人，只是不如我那样好学罢了。"

思维发展与品质

合作探究

在阅读本课时，你有哪些疑惑不解之处？列出来，并与小组同伴探究。

疑惑1：_____

疑惑2：_____

探究结果：_____

_____

归纳总结

请简要归纳总结，在本课选文之中，孔子（及其弟子）谈论了哪些内容，提出了哪些主张。

_____

_____

审美鉴赏与创造

名句共赏

子曰："十室之邑，必有忠信如丘者焉，不如丘之好学也。"

【他人评析】孔子是一个十分坦率直爽的人，他认为自己的忠信并不是最突出的，因为在只有10户人家的小村子里，也有像他那样讲求忠信的人。但他坦言自己非常好学，表明他承认自己的德行和才能都是学来的，并不是"生而知之"。

【我的评析】_____

_____

_____

明理思辨

子贡曰："如有博施于民而能济众，何如？可谓仁乎？"子曰："何事于仁！必也圣乎！尧、舜其犹病诸！夫仁者，己欲立而立人，己欲达而达人。能近取譬，可谓仁之方也已。"

孔子认为"己欲立而立人，己欲达而达人"，在当今这个竞争激烈的社会，你认为可行吗？

_____

_____

文化传承与理解

成语经典

请指出下列各句中的成语，并解释其含义。

1. 哀公问："弟子孰为好学？"孔子对曰："有颜回者好学，不迁怒，不贰过。不幸短命死矣。今也则亡，未闻好学者也。"

成语：_____ 含义：_____

2. 子曰："贤哉，回也！一箪食，一瓢饮，在陋巷，人不堪其忧，回也不改其乐。贤哉，回也！"

成语：_____ 含义：_____

3. 子曰："知者乐水，仁者乐山。知者动，仁者静。知者乐，仁者寿。"

成语：_____ 含义：_____

4. 樊迟问知。子曰："务民之义，敬鬼神而远之，可谓知矣。"问仁。曰："仁者先难而后获，可谓仁矣。"

成语：_____ 含义：_____

读"语"知理

突出重围，满目芳菲
鲜卓贝

曾读余秋雨的《苏东坡突围》，令我印象最深刻的是，东坡就像放浪于沧海上的孤舟，艰难地绕开一块块礁石，短暂地在小岛上停留，勇敢地搏击狂风横流，最终到达风平浪静的彼岸。苏轼突出重围，找寻到心灵的归宿；少年也要突出重围，收获琳琅满目。

人生如围城，它也许是陆游笔下的"山重水复疑无路"，也许是别利科夫身上厚重的套子，也许就是你面前那堵低矮的泥墙，尽管围于温暖的襁褓之中，我们感到安全，不必为劳碌的奔波而愁苦。然而沉舟侧畔，千帆竞过；病树前头，万木争春，正值青春年华的我们，谁又能一直困顿在一丈见方的温室里，谁又不想打破牢笼的桎梏，去开辟独一无二的天地，去探寻绝无仅有的风景呢？

于是，少年书生意气，挥斥方遒，当如同东坡居士那样——突围。

突围的我们，当自觉上进，无畏艰险。俗话说："鸡蛋从外面打破是食物，从里面打破是生命。"唯有不再受制于人，自励前行，我们的突围才有独一无二的价值。正如那漫山遍野的山茶花和紫花地丁，从寒冷的泥土中养精蓄锐，以幼嫩的躯体突破枷锁，破土而出，尽情沐浴在和煦的春风中，披着温润的阳光，令荒凉的山野倒了阵型，营造出绝世的风景。川端康成的《花儿日记》中便塑造了这样一位小女主人公，她突破了姐姐出嫁后笼罩在自己身上的悲伤阴影，并逐渐学会独立，结交知心朋友，在姐姐病逝后也能望向天边的云彩，乐观地激励自己努力活下去。正是她坚毅的性格，主动地作为，才能突破重围，奔向未来的美好。

突围的我们，应耐住寂寞，忍受孤独。"渔父"形象在古代文人墨客的诗词中屡见不鲜，无论是屈原笔下"举世皆浊我独清，众人皆醉我独醒"的孤高自况；还是柳宗元诗中"孤舟蓑笠翁，独钓寒江雪"的遗世独立；抑或是朱敦儒词里"晚来风定钓丝闲，上下是新月。千里水天一色，看孤鸿明灭"的婉转微凉，那些格格不入的渔父都在各自的世界中孤芳自赏，甚至天地仿佛也因此只聚焦在他们的身上，余物皆成掠影。正是有这份"物我一处"的处世态度，他们才得以在混乱的世界中鹤立鸡群。

每每望向窗外，白色的楼房林立在苍茫之中，更远处也不过是青山绿树、滚滚江水。我们也渴望去旸谷扶桑，看倒影屋梁，听袅袅余音，品味世间七月流火、四月芳菲。所以，少年请突出重围，去远方，去收获一身月逐云追。

【点评】本文特色有三：一是精确切题，立意明确。文章从东坡突围的先例入手，再由远及近，联系自身，以青少年的视角提出论点并展开论证。二是结构明了，简单清晰。文章主体结构呈现"是什么—为什么—怎么做"的逻辑，结构完整，又便于快速成文，值得效仿。三是旁征博引，内容丰富。文章大量引用名言警句、文化典故，足见考生功底，令人眼前一亮。这也启示广大考生，只有注重积累，方可下笔如有神。

突人生之围

胡煜昕

阻于苦旅，迎之；滞于顺途，破之；或困于心，明之。波澜人生，围城四面，此之谓突围人生。

突逆境之围，我们在风雨中披坚执锐，迎难而上。

自古有言"是故天将降大任于是人也，必先苦其心志，劳其筋骨，饿其体肤，行拂乱其所为"，而后才有"动心忍性，曾益其所不能"，于是得以见百里奚举于世，孙叔敖举于海，皆是尝过生命百态才得以平步青云。今者可见江梦南，从无声里突围，心中自有响亮的号角；火炬手李端，从黑暗里突围，心中自有不息的光亮。面对逆境，他们选择与之抗衡，以怒放的生命从厚重的城墙里突围，对苦难报之以歌。我辈亦当是，不畏凄风苦雨，不惧晦明无常，突破重重壁障，实现理想与价值。

突顺境之围，我们在舒适圈打破平衡，再创新高。

时代巨浪在翻涌，世界大潮滚滚向前，突破，再突破，才有后者，创造，再创造。君可见中国航天，神舟的故事从未停止续写，"嫦娥"探月，"祝融"驻火，他们从一次次的成功中突破、超越，而今有了浩瀚宇宙中中国航天的斑斓一隅；君可见华为、小米，再攀新高，技术的飞速进步，背后是夜以继日地挥洒汗水，外界的褒扬并未让它们前进的步伐有所停滞，反倒愈发加紧了克难攻坚，"没有最好只有更好"是铭刻心中的誓言。我辈亦当是，突破自身的围墙，步步突围，步步成长，挑战极限，追求新高，我们从不止步。

突内心之围，我们在喧嚣的车马繁华里，倾听本心。

当外界的纷繁淹没了心底的细言，我们闭目而思，突围被锁住的初心。他们在突围着，守护大国血脉，邱晓刚在故纸堆里缝补千年，围着一方桌案，他屏息凝神，修复古籍，一埋头，就是四十年；传承诗词文化，叶嘉莹忘记了"一世多艰，也曾局囿深怀中"，却寸心如水，在葳蕤的光阴里，接过诗词传承的长灯，以一灯传诸灯，终至万灯皆明。他们不被尘俗所扰，突围着，寻觅着，坚守着，创造着，而非只重"钱途"，蒙蔽内心。我辈亦当是，突围那颗或被阴云笼罩或被纷杂所盖的澄澈的心，于是有言，"于孤寂中坚守，于浮华中炼心"。

人生如围城，障壁时起，纵然道阻且长，吾辈突围而行，寻柳暗花明；纵然顺境难破，吾辈突围而进，一破一成长；纵然尘世熙攘，吾辈突围而自清，遂明志，见心。

新的转机和闪闪的星斗，正在缀满没有遮拦的天空，无所谓四面围墙，突围人生，我们在路上。

【点评】本文从突逆境之围到突顺境之围，再到突内心之围，逻辑清晰；从突破困难到突破舒适圈，再到突破内心役使，立意深刻；从古之百里奚、孙叔敖到今之"嫦娥""祝融"，从小米科技到诗词文化，素材丰富。全文语言精练优美，观点鲜明突出，是一篇考场佳作。

万民之流，汇国渊薮
——新时代与新青年
佚名

先贤尝言："民殷而国富""仓廪实而知礼节"。自古以来，个人的成功与国家的发展便难舍难割。欲辨其二者关系，试以万流而喻个人，个人之智疑成百川，拢万流于一处，方可江国之渊薮，泽被万流。由此观之，个人进步诚可贵，国家发展价亦高，若欲汇复兴之智，凝强国之力，两者不可抛。

正如我国科教兴国战略的落实，科研人才凝创新之智，助推科技发展，赋能科幻文艺，方成《流浪地球2》之经典。而其文化影响力扩大，进一步扩大中国文化影响力，提升文化软实力。铸文化强国之基。作为青年人的我们，欲通过奋斗成为时代新人，亦不忘新时代给予梦的舞台。

观《红楼》之爱情悲剧，宝黛二人皆为当时思想先进者，敢于突破封建条框桎梏，追求理想爱情。纵二花傲立枝头，无奈封建势力雨打风吹，不免零落于理想的尘泥中，被封建王国之强权无情碾压。当旧时代之夜幕尚未褪去时，新青年之孤影亦笼罩黑暗，向更高远处飞翔成了一种奢望。无"大国崛起"，谈何"小民尊严"？

近看维新激进者，康、梁等人在封建压迫下不免付之一炬。而陈、胡二人抓住机遇，在时代换挡期通过新文化运动，照亮了中华文化发展的前途，进而唤醒马克思主义中国化的黎明。在"三座大山"压迫下，毛泽东等人"汗漫九垓，遍游四宇"，通过实践推翻了中华民族屈辱史，让其换了人间，成为今后国家发展的基础。当新青年的力量从旧时代的陶土中脱胎，以身之力，绘新时代之彩陶，国家也随之发展，步入富强的轨道。

试问处于新时代之洪流中，新青年为何应敢于扬帆，踔厉奋发？

反思深圳城中村"三和大神"只为赚取月薪而饱食终日，满足一时，躺平一世；"女版乔布斯"滴血检癌被告掺假，盈利一时而无益一世……诚处新时代，若只顾"小民尊严"而不通过劳动为社会、国家创造财富，国家之巨船何来驶入复兴之动力？只有脚踏实地，将国家利益与个人利益结合，奋楫者光，富强复兴之日方指日可待。

万民之流，吾辈青年应融入其中，以过硬本领、学识才干，在新时代中华伟大复兴之际渊薮。待百川入现代化强国之东海，吾辈亦以自信之姿，昂首挺立于世界潮头。

请你来点评：_____

_____

（本课编写人：杜翡）

诲人不倦

❶ 子曰："默而识之①，学而不厌，诲②人不倦，何有于我哉③？"

❷ 子曰："德之不修，学之不讲，闻义不能徙④，不善不能改，是吾忧也。"

❸ 子之燕居⑤，申申⑥如也，夭夭⑦如也。

❹ 子曰："志于道，据于德⑧，依于仁，游于艺⑨。"

❺ 子曰："富⑩而可求也，虽执鞭之士，吾亦为之。如不可求，从吾所好。"

❻ 子在齐闻《韶》，三月不知肉味，曰："不图为乐之至于斯也。"

❼ 子曰："我非生而知之者，好古，敏以求之者也。"

❽ 子曰："三人行，必有我师焉。择其善者而从之，其不善者而改之。"

①［识］记住。

②［诲］教诲。

③［何有于我哉］对我有什么难呢?

④［徙］迁移。此处指靠近、做到。

⑤［燕居］安居、家居、闲居。

⑥［申申］衣冠整洁。

⑦［夭夭］行动迟缓、斯文和舒和的样子。

⑧［德］旧注云:德者,得也。能把道贯彻到自己心中而不失掉就叫德。

⑨［艺］艺指孔子教授学生的礼、乐、射、御、书、数等六艺,都是日常所用。

⑩［富］指升官发财。

语言建构与运用

日有所诵

采用多种形式朗读课文，注意读音和节奏。背诵并积累名句。

提示：①读时要字正腔圆。"字正"就是字音准确，"腔圆"就是发音饱满。②处理好停顿，控制好节奏。③把握重读和轻读。④注意语速语调，做到声韵和谐，抑扬顿挫。

句读分明

请给下面句子加上标点符号。（限13处）

子曰圣人吾不得而见之矣得见君子者斯可矣子曰善人吾不得而见之矣得见有恒者斯可矣亡而为有虚而为盈约而为泰难乎有恒矣。

字字落实

请将下列语句翻译成现代汉语。

子曰："恭而无礼则劳，慎而无礼则葸，勇而无礼则乱，直而无礼则绞。君子笃于亲，则民兴于仁；故旧不遗，则民不偷。"

_____

_____

参考译文

① 孔子说："默默地记住（所学的知识），学习而不感到满足，教诲人不知道疲倦，这对我能有什么困难呢？"

② 孔子说："（许多人）对品德不去修养，学问不去讲求，听到义不能去做，有了不善的事不能改正，这些都是我所忧虑的事情。"

③ 孔子闲居在家里的时候，衣冠楚楚，仪态温和舒畅，悠闲自在。

④ 孔子说："以道为志向，以德为根据，以仁为凭借，活动于（礼、乐等）六艺的范围之中。"

⑤ 孔子说："如果富贵合乎于道就可以去追求，即使是给人执鞭的下等差事，我也愿意去做。如果富贵不合于道就不必去追求，那就还是按我的爱好去干事。"

⑥ 孔子在齐国听到了《韶》乐，有很长时间尝不出肉的滋味，他说："想不到欣赏音乐竟然到了这种境界。"

⑦ 孔子说："我不是生来就有知识的人，而是爱好古代的东西，勤奋敏捷地去求得知识的人。"

⑧ 孔子说："几个人一起走路，其中必定有人可以做我的老师。我选择他善的品德向他学习，看到他不善的地方就作为借鉴，改掉自己的缺点。"

思维发展与品质

合作探究

在阅读本课时，你有哪些疑惑不解之处？列出来，并与小组同伴探究。

疑惑1：_____

疑惑2：_____

探究结果：_____

归纳总结

请简要归纳总结，在本课选文之中，孔子（及其弟子）谈论了哪些内容，提出了哪些主张。

_____

_____

审美鉴赏与创造

名句共赏

子曰："三人行，必有我师焉。择其善者而从之，其不善者而改之。"

【他人评析】孔子的"三人行，必有我师焉"这句话，受到后代知识分子的极力赞赏。他虚心向别人学习的精神十分可贵，但更可贵的是，他不仅要以善者为师，而且以不善者为师，其中包含有深刻的哲理。他的这段话，对于指导我们处事待人、修身养性、增长知识，都是有益的。

【我的评析】＿＿＿＿＿＿＿＿＿＿＿＿＿＿＿＿＿＿＿＿＿

＿＿＿＿＿＿＿＿＿＿＿＿＿＿＿＿＿＿＿＿＿＿＿＿＿＿＿

明理思辨

曾子认为"士不可以不弘毅"的原因是"任重而道远"。对此，谈谈你的看法。

＿＿＿＿＿＿＿＿＿＿＿＿＿＿＿＿＿＿＿＿＿＿＿＿＿＿＿

＿＿＿＿＿＿＿＿＿＿＿＿＿＿＿＿＿＿＿＿＿＿＿＿＿＿＿

文化传承与理解

成语经典

请指出下列各句中的成语，并解释其含义。

1.子曰："述而不作，信而好古，窃比于我老彭。"

成语：＿＿＿＿＿含义：＿＿＿＿＿＿＿＿＿＿＿＿＿＿

2. 子曰："不愤不启，不悱不发。举一隅不以三隅反，则不复也。"

成语：_____含义：_____

成语：_____含义：_____

3. 子谓颜渊曰："用之则行，舍之则藏，惟我与尔有是夫。"子路曰："子行三军，则谁与？"子曰："暴虎冯河，死而无悔者，吾不与也。必也临事而惧，好谋而成者也。"

成语：_____含义：_____

成语：_____含义：_____

4. 曾子曰："以能问于不能，以多问于寡；有若无，实若虚，犯而不校。昔者吾友尝从事于斯矣。"

成语：_____含义：_____

读"语"知理

秉三识之准，挽人生之弓
石小凡

扬雄有言："修身以为弓，矫思以为矢，立义以为的，奠而后发，发必中矣。"修身即为知识，矫思即为见识，立义即为胆识。唯有依"知识、见识、胆识"三阶段来提升人性，方可挽人生之弓，中理想之的。

修身以为弓，博闻强知，为求道之始。"博观而约取，厚积而薄发。"《劝学》中"青'取之于蓝'而青于蓝"的境界便来自知识的积累。皓首穷经，目不窥园，夙夜不懈，唯日孜孜，曹雪芹著《红楼梦》"批阅十载，增删五次，哭成其书"；鼎铛玉石，青灯黄卷，上取三代，下迄五季，李易安十年伏案，始得《金石录》成。若无涓流积成溟、拳石崇为峻，何来"两句三年得"的佳句妙文，何来"归来堂"的缕缕墨香？由此观之，博闻强知，实为立人之始。

矫思以为矢，立德树德，为求道之续。康德曾言："位我上者，灿烂星空；道德律令，在我心中。"道德即为见识的外现形式。"先国家之急而后私仇"的宽厚大度，成于胸中丘壑万千，长于心中道律高悬。繁星点点，是道，是德，在齐太史简，在晋董狐笔，在秦张良椎，在汉苏武节。道德与见识的星空，向来点亮于光明心中，不为俗世之律令所拘于流形，不以时空之易换而泯于残光。是沛然呼啸的气，是千磨万击弥坚的节，是血肉里生长的君子之骨。由此观之，立德树德，增长见识，实为立人之续。

立义以为的，敢想敢拼，为求道之终。叔本华有言："生命本身就是处处充满漩涡与暗礁的海洋。"纷华不染，粗粝能甘，方可在心之迷津中远航，抵达人生之新天地。钟扬官至副局级别，毅然放弃职位，到西藏高原采集雪域高原植被样本，"别人不敢做的事，便由我先开始"是他赤热跳动的胆识之心的铿锵回声。樊锦诗投身敦煌，远离城市，敢于选择自己的内心，敢于摒弃俗世的诱惑，色彩斑斓的壁画描摹的是她未经磨染的初心与胆识。"千夫诺诺，不如一士谔谔"，带着筚路以启山林之决心，功成必定有我之担当，我们必将臻于时代的峻岭。由此观之，敢想敢拼，发挥胆识，实为立人之终。

躬逢盛世，这是我们的时与势；万里路遥，这是我们的责与任。身为新时代青年，我们更应将"知识、见识、胆识"之三识准绳内化于心，外化于行，追随先辈步伐，奔涌青春后浪，为实现中华民族伟大复兴献上属于我们的青年力量与时代力量。

修身以为弓，长其知识；矫思以为矢，增其见识；立义以为的，用其胆识。秉持"三识"之准绳，方可挽人生之弓，中理想之的，扬帆破万里浪，悦看日月盈虚、江海浮沉。

【点评】文如春华，思若泉涌，本文兼具理趣与文采，实属令人眼前一亮的考场佳作。"修身""矫思""立义"，为弓为矢为的，分别对应"知识、见识、胆识"。作者以扬雄之言渲染大写意，又以荀子、康德、叔本华的箴言勾勒细工笔，"身如芥子，心有须弥"，带领读者自方寸中领略乾坤，自一页中抵达世界。日月有盈虚、江海虽浮沉，愿同学们以文学阅尽繁花千象，用文字描绘山河万里！

请你来点评：_____

_____

_____

_____

广拓识界　穷达山海
王熙瑷

"山高自有客行路，水深自有渡船人。"人生是一片汪洋，浪涛裹挟着我们前行。想要挣脱束缚，乘风破浪，穷达山海，便需以知识为帆，见识为桅，胆识为橹。

迟迟钟鼓初长夜，耿耿星河欲曙天，博闻强识，基础扎实。《劝学》中有言："君子生非异也，善假于物也。"学习知识，是对自我的初步认识，是探寻宇宙奥秘的伊始，是为今后茁壮的成就之树深深埋下一颗种子。有完备的知识体系，挥毫运斤时才不会徒劳叹惋书到用时方恨少，横生枝节时才能够沉着冷静应对。知识像一张高悬的帆，无论前行多远，它始终为我们提供底气和动力。拥有真才实学，自然不惧千难万险。博闻强识，基础扎实，潮平两岸阔，风正一帆悬。

千里莺啼绿映红，水村山郭酒旗风，增长见识，行稳致远。书本上的知识，浩如烟海的典籍，虚无缥缈的道理，它们是真知灼见，却不是真才实干。务观先生的"纸上得来终觉浅，绝知此事要躬行"便是这个道理。想要将知识运用于指导生活，需要有过硬的见识，否则只能当一位纸上谈兵的将军，而与"金戈铁马，气吞万里如虎"无缘。见识源于生活，发自内心的感受和体悟。为此，不但要读万卷书，更要行万里路，亲见一望无际的大海、黄沙漫天的荒漠、灯红酒绿的街市、人声鼎沸的巷口。只有见过了大千世界，才能将无形沉淀为有形，拥有看破尘世的宁静和超然万物的豁达。见识是联系知识与胆识的桅杆，增长见识，行稳致远，山重水复疑无路，柳暗花明又一村。

千磨万击还坚劲，任尔东西南北风，胸怀胆识，虎虎生威。自古以来成大事者，是以残兵迎劲敌的卧龙先生诸葛亮，是只身赴会的美髯公关云长，是骁勇善战以少胜多的飞将军李广，而绝没有一个畏首畏尾、瞻前顾后的人能名垂青史。胆识意味着握他人不敢握之先机，意味着辟他人不敢辟之新天地，意味着开他人不敢开之新事业。流光一瞬，华表千年，这个时代日新月异，犹疑不定代表后退，唯有胆识者迈步向前，大展拳脚。胆识是橹，我们奋力摇船划桨才得以不被时代洪流裹挟，才得以做弄潮儿。胸怀胆识，虎虎生威，待到秋来九月八，我花开后百花杀。

以知识为帆，静而不争；以见识为桅，心藏须弥；以胆识为橹，敢为人先。恰海晏河清，时和岁丰，愿中国青年都能焚膏继晷，兀兀穷年，广拓识界，穷达山海。

【点评】"写作是用心灵的颜料，绘制思想的风景。"从作者笔下，我看到了以知识为帆鼓起的层层风云，观得了以见识为桅矗立的傲然风姿，悟得了以胆识为橹扬起的壮阔沧浪。一观既罢，不得不叹此作字字珠玑，文从字顺。其巧以诗句开篇，先声夺人，又将诗词融于各个段落首尾，与论点论据交相辉映，浑然一体，可谓是辞无所假，要言不烦，不着一字，尽得风流也。

请你来点评：＿＿＿＿＿＿＿＿＿＿＿＿＿＿＿＿

＿＿＿＿＿＿＿＿＿＿＿＿＿＿＿＿＿＿＿＿＿＿

＿＿＿＿＿＿＿＿＿＿＿＿＿＿＿＿＿＿＿＿＿＿

假国之力以修身，扬己之力以强国
武鋆玥

人是社会的人，社会是人的社会。在社会思潮交融、碰撞，价值观会扭曲、缺失的当下，如何处理好个人、集体与国家的关系，实乃吾辈青年当慎思之要题。

以吾观之，当假国之力以修身，扬己之力以强国。

个人价值根植于社会价值。

与君把手观青史，胸怀"国之大者"车载斗量。酌古，范文正公"先天下之忧而忧，后天下之乐而乐"，以划粥断齑之艰构经纶世务之才，"居庙堂之高则忧其民，处江湖之远则忧其君"。文人墨客心忧天下者不胜其数，以"位卑未敢忘忧国"的社会责任感，抒"大庇天下寒士俱欢颜"的慷慨之言，"为天地立心，为生民立命"。斟今，有稻米流粟千重浪之袁隆平，禾下乘凉饱天下；有栉风沐雨深海潜之黄旭华，焚膏继晷兀兀穷年；有绳锯木断研党史之郑德荣，策驾砺钝不将不迎；有沧海桑田苦跋涉之黄大发，生命之渠清水荡荡；更有伍淑清，山河澄正气，逾古稀而不辞，虽千万人而往，不让须眉护国安，瓦解谰言驱扰攘。"如果信念有颜色，那一定是中国红"的铿锵言语承载着中华儿女将国家利益，以对社会的贡献构筑自身价值的信念。

个人价值是社会价值的有机组成。

"百年征程波澜壮阔，百年初心历久弥坚。"往观党史，我们曾闻平潭浪涌、浦东闯关，亲历雄安启航，讴歌小岗破冰；往观革命史，陕北窑洞、浙江嘉兴南湖，此间曾着星星火，到处皆闻殷殷雷，山川无言，永怀碧血，花岗石上，鲜血永存。《觉醒年代》塑造了一位位革命战士不怕牺牲、不畏死亡的崇高形象。他们"忠诚印寸心，浩然充两间"；他们"始终站在大多数劳动人民的一面"；他们面对敌人也"风雨不动安如山"，以"敢教日月换新天"的革命豪情奋勇前进，踔厉奋发，笃行不息。

当代青年，应将国家利益置于个人利益之上，赓续前行，燃灯前行，以青春之我、奋斗之我，为国家发展铺路架桥，为民族复兴添砖加瓦，身似山河挺脊梁，心如玉壶冰高洁，将个人利益熔铸于国家利益之中，在国家进步中实现个人成功。

由此观之，假国之力以修身，扬己之力以强国。

请你来点评：_____

_____

_____

_____

（本课编写人：李丽婷）

君子坦荡荡

❶ 子曰："君子坦荡荡①，小人长戚戚②。"

❷ 子曰："文，莫③吾犹人也。躬行君子，则吾未之有得。"

❸ 子曰："仁远乎哉？我欲仁，斯仁至矣。"

❹ 子温而厉，威而不猛，恭而安。

❺ 子曰："不在其位，不谋其政。"

❻ 子曰："好勇疾④贫，乱也。人而不仁⑤，疾之已甚⑥，乱也。"

❼ 子曰："狂⑦而不直，侗⑧而不愿⑨，悾悾⑩而不信，吾不知之矣。"

❽ 子曰："学如不及，犹恐失之。"

① ［坦荡荡］心胸宽广、开阔、容忍。

② ［长戚戚］经常忧愁、烦恼的样子。

③ ［莫］约莫、大概、差不多。

④ ［疾］恨、憎恨。

⑤ ［不仁］不符合仁德的人或事。

⑥ ［已甚］已，太。已甚，即太过分。

⑦ ［狂］急躁、急进。

⑧ ［侗］（音tóng），幼稚无知。

⑨ ［愿］谨慎、小心、朴实。

⑩ ［悾悾］（音kōng）同"空"，诚恳的样子。

语言建构与运用

日有所诵

采用多种形式朗读课文，注意读音和节奏。背诵并积累名句。

提示：①读时要字正腔圆。"字正"就是字音准确，"腔圆"就是发音饱满。②处理好停顿，控制节奏。③把握重读和轻读。④注意语速语调，做到声韵和谐，抑扬顿挫。

句读分明

请给下面句子加上标点符号。（限15处）

曾子有疾孟敬子问之曾子言曰鸟之将死其鸣也哀人之将死其言也善君子所贵乎道者三动容貌斯远暴慢矣正颜色斯近信矣出辞气斯远鄙倍矣笾豆之事则有司存。

字字落实

请将下列语句翻译成现代汉语。

子曰："若圣与仁，则吾岂敢？抑为之不厌，诲人不倦，则可谓云尔已矣。"公西华曰："正唯弟子不能学也。"

_____

_____

参考译文

①孔子说："君子心胸宽广，小人经常忧愁。"

②孔子说："就书本知识来说，大约我和别人差不多。做一个身体力行的君子，那我还没有很大的收获。"

③孔子说："仁难道离我们很远吗？只要我想达到仁，仁就来了。"

④孔子温和而又严厉，威严而不粗暴，谦恭而又安详。

⑤孔子说："不在那个职位上，就不考虑那个职位上的事。"

⑥孔子说："喜好勇敢而又恨自己太穷困，是祸乱。对于不仁德的人或事痛恨得太厉害，也是祸乱。"

⑦孔子说："狂妄而不正直，无知而不谨慎，表面上诚恳而不守信用，我真不知道有的人为什么会是这个样子。"

⑧孔子说："学习知识就像追赶不上似的，赶上了还担心丢掉什么。"

思维发展与品质

合作探究

在阅读本课时，你有哪些疑惑不解之处？列出来，并与小组同伴探究。

疑惑1：_____

疑惑2：_____

探究结果：_____

_____

归纳总结

请简要归纳总结，在本课选文之中，孔子（及其弟子）谈论了哪些内容，提出了哪些主张。

_____

_____

审美鉴赏与创造

名句共赏

子温而厉，威而不猛，恭而安。

【他人评析】这是孔子的学生对孔子的赞扬。孔子认为人有各种欲与情，这是顺应自然的，但人所有的情感与欲求，都必须合乎"中和"的原则。"厉""猛"等都有些"过"，而"不及"同样是不可取的。孔子的这些情感与实际表现，可以说正是符合中庸原则的。

【我的评析】_____

_____

_____

明理思辨

孔子认为："奢则不孙，俭则固。与其不孙也，宁固。"对此你如何评价？

_____

_____

文化传承与理解

成语经典

请指出下列各句中的成语，并解释其含义。

1. 子曰："饭疏食饮水，曲肱而枕之，乐亦在其中矣。不义而富且贵，于我如浮云。"

　　成语：＿＿＿＿＿含义：＿＿＿＿＿＿＿＿＿＿＿＿＿＿＿＿＿＿＿

　　成语：＿＿＿＿＿含义：＿＿＿＿＿＿＿＿＿＿＿＿＿＿＿＿＿＿＿

　2. 叶公问孔子于子路，子路不对。子曰："女奚不曰：'其为人也，发愤忘食，乐以忘忧，不知老之将至云尔。'"

　　成语：＿＿＿＿＿含义：＿＿＿＿＿＿＿＿＿＿＿＿＿＿＿＿＿＿＿

　　成语：＿＿＿＿＿含义：＿＿＿＿＿＿＿＿＿＿＿＿＿＿＿＿＿＿＿

　3. 曾子有疾，召门弟子曰："启予足！启予手！《诗云》：'战战兢兢，如临深渊，如履薄冰。'而今而后，吾知免夫！小子！"

　　成语：＿＿＿＿＿含义：＿＿＿＿＿＿＿＿＿＿＿＿＿＿＿＿＿＿＿

　　成语：＿＿＿＿＿含义：＿＿＿＿＿＿＿＿＿＿＿＿＿＿＿＿＿＿＿

　4. 子曰："笃信好学，守死善道。危邦不入，乱邦不居。天下有道则见，无道则隐。邦有道，贫且贱焉，耻也；邦无道，富且贵焉，耻也。"

　　成语：＿＿＿＿＿含义：＿＿＿＿＿＿＿＿＿＿＿＿＿＿＿＿＿＿＿

＿＿＿＿＿＿＿＿＿＿＿＿＿＿＿＿＿＿＿＿＿＿＿＿＿＿＿＿＿＿＿＿＿

＿＿＿＿＿＿＿＿＿＿＿＿＿＿＿＿＿＿＿＿＿＿＿＿＿＿＿＿＿＿＿＿＿

读"语"知理

博观全局，精品一隅
黄钰

在与文字对话时，或如陆九渊所言，平平而谈，放下未晓之处；或如朱光潜所言，抓紧每一字。我认为，既需与万千文字打交道，不能失了全篇的概况，又不能丢弃每一隅的意义，可谓博观全局，精品一隅。

博观全局，把握整体，为精品筑底基。

各执一隅之解，欲拟万端之变，东向而望不见西墙也。若失了全局整体的品读，那么每一处都可能成为迷宫的死角，可见，需先博观全局，把握大概，才可为精品打造坚实基础。穿梭在时代尘雾中寻找，我们知道著名作家莫言全身心投入《生死疲劳》，构思十余载，方才下笔为每一处细节增添色彩，如此才使得这部作品从全篇构思至每一小段都汇聚神韵，如有生命，达到了博观可为之喝彩，精品可为之感叹的境界。

精品一隅，注重细节，为博观添墨色。

朱光潜曾说"在文学，无论阅读或写作，我们必须有一字不肯放松的谨严"。诚如斯言，唯有精心品读刻画之后，才可让全情全景活灵活现。曹雪芹创作《红楼梦》，"增删五次"，在几十年的创作过程中，他注重每一处，以至每一件配饰的描述、食谱的研究，将那一代人的每一个生活细节悉数绘出，如此《红楼梦》方才成了文学巨著。

博以观全局，精以品细微，二者相辅相成，可为读写开道路，也可为人生创前途。

于文字，于阅读，于写作如此，于我们的人生更是如此。只有博于观、专于精，才可写好读好文章，才可读好写好我们生命的每一篇章。在生命的重重漩涡中，我们看到海伦·凯勒专精于每一个词句，同时对整个人生进行全局思考，最终将自己从黑暗之中拯救出来，创造了属于她自己的光明；在山河日月中探寻，我们可以从历史中听到徐霞客的声音，他在中国宏伟山河中游行，翻越广西十万大山，越过峨眉山，沿着岷江，渡过金沙江……每一细微处在他笔下，中国的瑰丽山河也尽在他笔下，谱写了各地的人文，更谱写了自己生命的旋律，经数百年传颂给世人聆听，声声不息又生生不息。无论是海伦·凯勒还是徐霞客，抑或是我们每一个人，唯有对人生持以博观，又留以精品，方可窥见我们生命的日与月。

由此观之：以博观全局明心志，以精品一隅哺灵魂，不仅可与文字对话，也可与我们的生命共谈，以寻求人生的答案。

【点评】本文特色有三：一是关系提炼准确深刻。由陆九渊和朱光潜之读书方法提炼出"博观"与"精品"之二元关系，并据此辩证立意，既准确又深刻，足见其审题、拟题的能力较强。二是结构简单清晰。引述材料，提出中心论点后，全文围绕中心论点分为三个分论点展开论述，由读写拓展至人生，先并列后递进，层层深入，结构简单，层次清晰。如此，既便于展开论述，又便于快速成文，值得效法。三是语言简练有力。开篇从简述材料到提出观点，寥寥数语，毫不拖泥带水。三个分论点，几个短句，掷地有声。结尾"由此观之……"，一句收束，干净利落。

请你来点评：_____

_____

_____

_____

万里山河鸿鹄志　一意匠心破长虹
夏悦恬

人皆治书，治书若制酒。世间醑醴醇醴，藏之弥久而弥美者，皆缘封锢牢密，不泄气故。故治书者，其必持之。何以持？一曰博，广纳其材；二曰研，细研其精；三曰破，力破其道，然后持心定意以成学。

胸中有丘壑，才能振山河。一曰：博。

博，广博。会当凌绝顶，一览众山小，欲治其书，必先博其身。陆九渊言："读书且平平读，未晓处且放过，不必太滞。"此为治书之初，求其广度，不必矫枉过正，以失其博知。海纳百川，有容乃大。井蛙不可以语于海者，拘于虚也；夏虫不可以语于冰者，笃于时也。治书之眼界需广博，倘若故步自封，忌拘于小节而失其大者。立高山之巅，方见大河奔涌；至群峰之上，更觉长风浩荡。治书以博，方能广其身。

一沙一天地，极微即无穷。二曰：研。

研，细研。荆溪惠子龭鬐鬶，义理钻研到粹精，欲治其书，亦需研其精。朱光潜道："在文学，无论阅读或写作，我们必须有一字不肯放松的谨严。"见过了广博的世界，仍需以匠心研其精细。何谓细研？常书鸿知晓。与莫高窟相伴终生，研得出："敦煌苦，孤灯草菇伴长夜"。何谓细研？吴孟超知晓。为医七十八载，研得出："眼里看的是病，心里装的是人"。何谓细研？南仁东知晓。与癌症作战仍不离开 FAST，研得出："FAST停工一天，相当于国家白干十二年"。专于一生的细研，是一丝不苟的生命伟大。心心在一艺，其艺必工；心心在一职，其职必举。治书以研，方能解其细。

以不息为体，以自新为道。三曰：破。

破，破局。学古不泥古，破法不悖法，欲治其学，尚需破其道。荀子曰："夫道者，体常而尽变，一隅不足以举之。"或有广博之眼界，或有细研之定力，皆需破其旧制，亦曰革新。墨守成规抑或一成不变，必不能通其道。自主革新建设让万户飞天的尝试化作神舟载人巡天；让七夕相会的传说化作鹊桥中继天地；让深海龙宫的猜测化作蛟龙一探仙境。破者，令中国古代问天揽月之浪漫寻宝图化作精钢铁索寻宝船。徐悲鸿言："道在日新，艺亦须日新，新者生机也，不新则死。"治书以破，方能通其道。

书痴者文必工，艺痴者技必良。故何以治书？其必为持其心，定其意。然何以定其意？则必拥不拘小节之广博，抱一丝不苟之细研，揽体常尽变之破力。

刀不锋则庖难治，琴不清则曲难成。治书应有鸿鹄志，扶摇而上九万里；治书尚需匠者心，镂月裁云破长虹。

【点评】本文观点明，思路清，论述从"阅多识广"到"精研出彩"再到"破旧出新"，体现出作者思考的层次，语言素材丰富，可见积累之功。

请你来点评：_____

_____

_____

_____

以己之名，与国携行

李巧

整体与部分有机统一，国家乃千千万万个人之统构，二者难舍难分。《流浪地球2》的爆火以及其导演郭帆的撰文评论不禁令人细思个人与国家这一永恒的命题，是我国之强盛为科幻文艺提供沃土，是科幻文艺愈显国之强盛？对于这一命题，我认为：无国家，不个人；无个人，不国家。个人成功与国家进步相辅相成，相得益彰。

若无大国崛起，何来小民尊严？

我们常说"人是社会的产物"。处在一个什么样的社会、国家决定着你所站立的高度。国家进步为我们提供了什么？提供了安稳的环境，提供了开阔视野的平台，提供了物资的保障，提供了胸中无限的底气与前行的动力。孟晚舟归航，是华为那一抹鲜艳的"中国红"不懈地伫立与守候，是因为中国就是她归途的驱动力量，这是"大国崛起"的强有力的体现。电影《万里归途》之所以撼动人心，也是因为在撤侨过程中，透过荧幕都能溢出来的强大的祖国所带给海外侨胞的心安与自豪。航天"三步走"战略稳步推进，一路上硕果累累，也是因为国家之强大与进步为"我们的征途是星辰大海"之理想铺好了平稳的路。凡此种种，无一不昭示着——唯有大国崛起，方显小民尊严；唯有国之进步，方成个人之荣耀。

若无个人成功，何来国家进步？

创新是民族前进的源源动力，而创新也得由人来创，涓涓细流汇成江海，萤萤微光闪烁其大，我国的进步发展离不开千千万"追梦人"的奋斗与成功。"不积跬步，无以至千里"，国之进步一大步，乃无数国民个人成功之汇聚，个人之成功，是千万科技工作者们夜以继日、精益求精的研发；是一群又一群黄文秀们舍小我，为大家，一头扎进脱贫攻坚的大山深处；是无数钟晓芳们善于创造，坚定追随前辈脚步，积极投身传承守护中华文化基因的洪流……冀以个人之萤萤微光增补山海，与国同行。

无奋斗，不青春。我们身处新时代——大有可为之机遇时代，应认清个人成功与国家进步的良性互动，心存信仰，脚怀力量，将个人呼吸与时代脉搏结合，践行"一滴水，只有放进海里才不会干涸"的智慧，与祖国同呼吸，共命运！

蚂蚁在筑起高塔，尘埃比星球伟大，以己之成，凝聚合力，与国携手，共迎进步之未来！

请你来点评：＿＿＿＿＿＿＿＿＿＿＿＿＿＿＿＿＿＿＿＿

＿＿＿＿＿＿＿＿＿＿＿＿＿＿＿＿＿＿＿＿＿＿＿＿＿＿＿＿

＿＿＿＿＿＿＿＿＿＿＿＿＿＿＿＿＿＿＿＿＿＿＿＿＿＿＿＿

（本课编写人：常雨惜）

单元学习任务

1. 或曰："雍也仁而不佞。"子曰："焉用佞？御人以口给，屡憎于人。不知其仁，焉用佞？"古人认为，仁义是能言善辩的基础。如果缺少仁义，巧言令色是无任何意义的。关于"仁与言"的关系，你怎么看？请就此发表你的看法。

2.《论语》是古代哲人智慧的结晶，是中国读书人的基础语言，并影响着全社会的思维结构。《论语》中强调的德、礼是和谐社会的杠杆。请从"仁而不佞""诲人不倦""君子坦荡荡"中任选一个主题，随后围绕这一主题在本单元中找出相应的内容，并深入理解。把自己的思考写下来，与同学讨论。

3.子曰："人之生也直，罔之生也幸而免。"一个人的生存是由于正直，而不正直的人也能生存，那只是他侥幸地避免了灾祸。请以"正直"为话题，写一封倡议书，谈谈你的认识。

4.文言虚词包括代词、副词、介词、连词、助词、叹词等，常见的文言虚词有20个。文言文中一般不作句子成分，不表示实在意义。主要的作用是组合语言单位。每个虚词又有多种用法，如"十室之邑"中的"之"为助词，翻译为"的"，"知之者不如好之者"中的"之"翻译为代词"它"。请认真阅读本单元文段，归纳出常见虚词的用法。

示例：

一词多义

虚词＿＿＿＿＿＿＿＿＿＿＿＿＿＿＿＿之 ＿＿＿＿＿＿

义项① 的，助词

例句 十室之邑。

＿＿＿＿＿＿＿＿＿＿＿＿＿＿＿＿＿＿＿＿＿＿＿＿＿＿＿

义项② 它，代词

例句 知之者不如乐之者。

＿＿＿＿＿＿＿＿＿＿＿＿＿＿＿＿＿＿＿＿＿＿＿＿＿＿＿

义项③ 不译，宾语前置的标志

例句 未之能行，唯恐有闻。

＿＿＿＿＿＿＿＿＿＿＿＿＿＿＿＿＿＿＿＿＿＿＿＿＿＿＿

义项④ 代词，代指自己

例句 约之以礼，亦可以弗畔矣夫。

＿＿＿＿＿＿＿＿＿＿＿＿＿＿＿＿＿＿＿＿＿＿＿＿＿＿＿

文言
虚词
卡片

（本课编写人：孟峰瑶）

第三单元

知者不惑

知者不惑

❶ 子曰："知^①者不惑，仁者不忧，勇者不惧。"

❷ 子在川上，曰："逝者如斯夫！不舍昼夜。"

❸ 子曰："三军^②可夺帅也，匹夫^③不可夺志也。"

❹ 子曰："岁寒，然后知松柏之后凋也。"

❺ 子罕^④言利与^⑤命与仁。

❻ 子欲居九夷^⑥。或曰："陋^⑦，如之何？"子曰："君子居之，何陋之有？"

❼ 子绝四：毋意^⑧，毋必^⑨，毋固^⑩，毋我^⑪。

❽ 子曰："可与共学，未可与适道^⑫；可与适道，未可与立^⑬；可与立，未可与权^⑭。"

❾ "唐棣^⑮之华，偏其反而^⑯。岂不尔思？室是远而^⑰。"子曰："未之思也，夫何远之有？"

① ［知］同"智"。

② ［三军］12500人为一军，三军包括大国所有的军队。此处言其多。

③ ［匹夫］平民百姓，主要指男子。

④ ［罕］稀少、很少。

⑤ ［与］赞同、肯定。

⑥ ［九夷］中国古代对于东方少数民族的通称。

⑦ ［陋］鄙野，文化闭塞，不开化。

⑧ ［意］同"臆"，猜想、猜疑。

⑨ ［必］必定。

⑩ ［固］固执己见。

⑪ ［我］这里指自私之心。

⑫ ［适道］适，往。这里是志于道、追求道的意思。

⑬ ［立］坚持道而不变。

⑭ ［权］秤锤。这里引申为权衡轻重。

⑮ ［唐棣］一种植物，属蔷薇科，落叶灌木。

⑯ ［偏其反而］形容花摇动的样子。

⑰ ［室是远而］只是住的地方太远了。

语言建构与运用

日有所诵

反复诵读，读准字音、读出节奏，同学之间可相互点评。

句读分明

请给下面第一段话加上标点符号，用斜线（∕）给下面第二段话断句。

子曰："法语之言能无从乎改之为贵巽与之言能无说乎绎之为贵说而不绎从而不改吾末如之何也已矣。"（限8处）

子疾病，子路使门人为臣。病间，曰："久矣哉由之行诈也无臣而为有臣吾谁欺欺天乎且予与其死于臣之手也无宁死于二三子之手乎且予纵不得大葬予死于道路乎？"（限8处）

字字落实

请将下面的短文翻译成现代汉语。

颜渊喟然叹曰："仰之弥高，钻之弥坚。瞻之在前，忽焉在后。夫子循循然善诱人，博我以文，约我以礼。欲罢不能。即竭吾才，如有所立卓尔。虽欲从之，末由也已。"

_____

参考译文

① 孔子说："聪明人不会迷惑，有仁德的人不会忧愁，勇敢的人不会畏惧。"

② 孔子在河边，说："消逝的时光就像这河水一样啊！不分昼夜地向前流去。"

③ 孔子说："一国军队，可以夺去它的主帅，但一个男子汉，他的志向是不能强迫改变的。"

④ 孔子说："到了寒冷的季节，才知道松柏是最后凋谢的。"

⑤ 孔子很少谈到利益，却赞成天命和仁德。

⑥ 孔子想要搬到九夷之地去居住。有人说："那里非常落后闭塞，不开化，怎么能住呢？"孔子说："有君子去居住，哪里还会闭塞落后呢？"

⑦ 孔子杜绝了四种弊病：没有主观猜疑，没有定要实现的期望，没有固执己见之举，没有自私之心。

⑧ 孔子说："可以一起学习的人，未必都能学到道；能够学到道的人，未必能够坚守道；能够坚守道的人，未必能够随机应变。"

⑨（古代有一首诗这样写道）："唐棣的花朵啊，翩翩地摇摆。我岂能不想念你？只是由于家住的地方太远了。"孔子说："他还是没有真的想念，如果真的想念，有什么遥远的呢？"

思维发展与品质

合作探究

在阅读本课时，你有哪些疑惑不解之处？列出来，并与小组同伴探究。

疑惑1：_____

疑惑2：_____

探究结果：_____

归纳总结

请简要归纳总结，在本课选文之中，孔子（及其弟子）谈论了哪些内容，提出了哪些主张。

_____

_____

审美鉴赏与创造

名句共赏

子曰："三军可夺帅也，匹夫不可夺志也。"

【他人评析】"理想"这个词，在孔子时代称为"志"，就是人的志向、志气。"匹夫不可夺志"，反映出孔子对于"志"的高度重视，甚至将它与三军之帅相比。对于一个人来讲，他有自己的独立人格，任何人都无权侵犯。作为个人，他应维护自己的尊严，不受威胁利诱，始终保持自己的"志向"。这就是中国人"人格"观念的形成及确定。

【我的评析】_____

_____

明理思辨

请就下面一段话发表自己的观点。

子曰："可与共学，未可与适道；可与适道，未可与立；可与立，未可与权。"

_____

_____

文化传承与理解

成语经典

请指出下列各句中的成语，并解释其含义。

1. 子畏于匡。曰："文王既没，文不在兹乎？天之将丧斯文也，后死者不得与于斯文也。天之未丧斯文也,匡人其如予何?"

　　成语: _____ 含义: _____

　　2. 子曰: "吾有知乎哉? 无知也。有鄙夫问于我,空空如也。我叩其两端而竭焉。"

　　成语: _____ 含义: _____

　　3. 子贡曰: "有美玉于斯,韫椟而藏诸? 求善贾而沽诸?"子曰: "沽之哉! 沽之哉! 我待贾者也。"

　　成语: _____ 含义: _____
　　成语: _____ 含义: _____

　　4. 子曰: "譬如为山,未成一篑,止,吾止也。譬如平地,虽覆一篑,进,吾往也。"

　　成语: _____ 含义: _____

　　5. 子曰: "苗而不秀者有矣夫! 秀而不实者有矣夫!"

　　成语: _____ 含义: _____

　　6. 子曰: "后生可畏,焉知来者之不如今也? 四十、五十而无闻焉,斯亦不足畏也已。"

　　成语: _____ 含义: _____
　　成语: _____ 含义: _____

　　7. 子曰: "衣敝缊袍,与衣狐貉者立,而不耻者,其由也与? '不忮不求,何用不臧?'"子路终身诵之。子曰: "是道也,何足以臧?"

　　成语: _____ 含义: _____

文化常识

　　九夷: 中国古代对于东方少数民族的通称。《后汉书·东夷传》: "夷有九种。曰: '畎夷、于夷、方夷、黄夷、白夷、赤夷、玄夷、风夷、阳夷。'"

读 "语" 知理

破壁突围，筑丹山九仞

杨乔希

　　生如逆旅，关隘林立，困守围城，是坐以待毙，还是突围而出？——这恰似哈姆雷特 "To be, or not to be" 的经典追问，敲击着我们每个人的心扉。而李嘉诚却用 "鸡蛋，从外打破是食物，从内打破是生命" 的形象表达给了我们最响亮的回答——突围！故吾辈青年当有不甘沦为 "食物" 之志气，破壁突围，打响人生突围战！

　　吹响 "突围" 的号角，破茧成蝶，让生命飞扬！

　　人生的境遇如同四壁坚挺的樊笼，身陷囹圄的我们或许会感到困顿、焦虑。在这看似无解的境遇中，毛毛虫选择了破茧，于是在金色的阳光下，我们看到了蝶的翩跹；在最狂妄年纪里失去双腿的史铁生，也没有屈从于命运的安排，而是用轮椅碾压过地坛的每一个角落，在与生命的对话中，一点点撕破命运的网，于是在《命若琴弦》《我与地坛》中，我们看到了他的救赎；18岁，体重仅 18 公斤的中国版霍金——邢益凡，在与命运的赌桌上原本输得一无所有，但他却选择了绝地反击，用顽强与坚毅打碎命运的枷锁，最终以645分的高分实现了自己的北航梦……所有的成长都是一场华丽的蜕变，所有华丽蜕变背后都是残酷，忍痛承受住牢笼的束缚，寻找契机，破茧而出，定能锻造出更好的自己。

　　擂响 "突围" 的战鼓，破土成竹，让中华有为！

　　毛竹生长，深陷泥沼，四年之久，仅仅生长三十厘米，一旦突破禁锢，破土而出，一载攀登二十米。所以，暂时的束缚、围困，是生命的馈赠，突破它，让它为我们蓄势赋能。君不见长征途中，面对敌人的围追堵截，中央红军四渡赤水，抢渡金沙江，跳出敌人包围圈，实现战略大转移，终让星星之火，成燎原之势；君不见2018年华为遭遇至暗时刻，面对美国的围追堵截，华为人坚持自主研发，默默沉潜，积蓄力量，终于在2023年8月，王者归来，Mate 60 Pro携带着自主研发的麒麟芯片突围而出，让"遥遥领先"的声音响彻世界……企业如此，国亦如此，面对西方国家的围困，让我们咬紧牙关，蓄能赋力，凤凰涅槃，绘家国宏图，让中华有为！

"面壁十年图破壁"，此刻的你，是否也正在遭遇学业的困境、人生的瓶颈？那么我们该如何破壁突围呢？

高举"突围"的旗帜，梦想驱动，让突围有动力！

鲁迅有言："于浩歌狂热之际中寒，于天上看见深渊，于一切眼中看见无所有，于无所希望中得救！"破壁突围之战，需抱持一颗热忱的希望之心，眺望北斗，突围之路自将一往无前，动力十足。亲爱的同学，在每个醒来的早晨，你的梦想是否还在敲打你的心房？

找准"突围"的频率，纲举目张，让突围有方法！

东汉郑玄曰："举一纲而万目张，解一卷而众篇明。"人生百事，总有过不去的坎、解不开的难，一旦我们抓住关键，举一反三，一切都会豁然开朗。面对如山的题卷，面对生活上的重重困扰，你是否找到了突破口？

充实"突围"的行囊，笃行不怠，让突围得保障！

日拱一卒无有尽，功不唐捐终入海；笃行而不怠，道阻亦将至。突围破壁，正需此般持之以恒的精神，"贵有恒，何必三更眠五更起；最无益，只怕一日曝十日寒"，让我们以恒心作保障，策马扬鞭再奋蹄，笃行不怠永攀登！

百川归海，不断穿过岩石阻截；彩蝶破茧，不断撕破丝线缠绕；人生成长，不断突围破壁。生如逆旅，一苇以航；北海虽奢，扶摇可接。吾侪青年立于时代洪流，面对层层围城，唯有以百般韧劲突围破壁，方能筑人生丹山九仞。

【点评】《破壁突围，筑丹山九仞》是一篇富有生活色彩和一定理性思考的作品，展示了作者的时代觉悟和社会思考力，对解决生活中的困难问题具有一定的启示作用。作者的写作技巧较为娴熟，巧妙运用比喻、引用、排比等修辞方法，使文章的思想内容得到较好的表达。也希望作者在未来的写作中更深入地挖掘生活素材，将观念和情感更紧密地连接在一起，进一步提升文章的深度和广度。

请你来点评：_____

_____

_____

严谨与通略齐飞，优质共广量一色

刘乙

朱光潜先生有言："在文学，无论阅读或写作，我们必须有一字不肯放松的谨严。"而心学大家陆九渊却认为"读书且平平读，未晓处且放过，不必太滞。"其两者之差异，不过是"不求甚解"与"咬文嚼字"之辩。在我看来，无论是读书或是做人，皆应两者并用而择其优，方成明日之诗。

"咬文嚼字"之严谨是"不求甚解"之通略的前提。

古往今来，多少诗篇经过锤炼磨洗才成熠熠荣光？正如"春风又绿江南岸"的开阔与肆意，又如"僧敲月下门"的孤独与凄美，更有白居易"二十已来，昼课赋，夜课书，间又课诗，不遑寝息矣。以至于口舌成疮，手肘成胝。既壮而肤革不丰盈，未老而齿发早衰白"的刻苦与求精。因此，只有具备了扎实和稳健的基础，才能向广和高迈进。

"不求甚解"之通略是"咬文嚼字"之严谨的传承和延续。

"平平读"的粗读能够极好地提高阅读效率，缩短时间，此非通略之智乎？"未晓处且放过"的略读能够更清晰地理解文章主旨，取其精华，此非通略之智乎？"不必太滞"的泛读能够拓宽阅读视野和思维角度，此非通略之智乎？

有道是"水满则溢，月盈则亏"，过于追求严谨的行为，反而容易适得其反，被笑称为迂腐古板的孔乙己。正所谓"成大事者，不拘小节"，有了通略的泛泛才能助之更上一层楼。

严谨与通略齐飞，优质共广量一色。

从文学上看，两者兼备之人最终行之更远。如陶渊明，一方面"不求甚解，每有会意，便欣然忘食"，另一方面对待创作又能满怀敬意，从不怠慢，将"质而实绮，癯而实腴"体现得淋漓尽致，此之谓诗人，亦谓圣者。

从做人做事上看，也应该遵守严谨与通略兼备的原则。做事，应谨本详始，亦应怀苏轼般"此心安处是吾乡"的豁达与洒脱；做人，应严于律己，亦应有林肯般"一视同仁"的宽容与理解。

这便是严谨和通略的力量，从文学到生活，处处都应兼顾二者，方能研精覃思，行汲远之道。

"严谨与通略齐飞，优质共广量一色"，真正的成功是能以严谨之方式和通略之态度做自己的引路人。青年若能平衡二者，又何愁前路？

【点评】本文标题化用《滕王阁序》中"落霞与孤鹜齐飞，秋水共长天一色"一句，文采斐然，令人眼前一亮，同时也巧妙地点破了"严谨"与"通略"的统一关系以及兼顾二者带来的益处。文章以文学上的严谨与通略为基点，逐层剖析，循序渐进地论及其现实意义以及对于青年的启示，打开了文章的格局，立意高远。

请你来点评：＿＿＿＿＿＿＿＿＿＿＿＿＿＿＿＿＿

＿＿＿＿＿＿＿＿＿＿＿＿＿＿＿＿＿＿＿＿＿＿＿

＿＿＿＿＿＿＿＿＿＿＿＿＿＿＿＿＿＿＿＿＿＿＿

＿＿＿＿＿＿＿＿＿＿＿＿＿＿＿＿＿＿＿＿＿＿＿

孤独，锋利的磨刀石
杨卓航

孤独，是人与自身心灵沟通的桥梁，是使浮躁的心灵回归平静的坚冰，更是锋利的磨刀石，塑造你的人格。

孤独像一汪安静的泉，当内心的涟漪缓缓隐去，透过被滚烫日光灼烧的水纹，你便能看到自己钻石般的心。

海伦·凯勒在童年失去了光明，她的世界暗淡无光，但她却用真挚而热烈的心灵点燃了心中的生命之火，成为第一个获得大学文凭的盲人，她所写下的《假如给我三天光明》是对孤独最有力的反抗。贝多芬在他创作的黄金时期失去了听力，他便用牙齿的振动校准音符，他所谱写的《命运交响曲》是对永恒孤独的命运的蔑视。孤独能照见自我，与心灵达到天人合一的无瑕之境。

孤独像一座浮于海面的冰山，让你沉下心来，发现海面下八分之七的真实。

曹雪芹若不经历家庭的变故，他仍旧是那个家财万贯、身世显赫的官二代，又怎会在孤独的十年中呕心沥血，著成中国古典小说的集大成之作——《红楼梦》呢？司马迁若不经历宫刑的屈辱、世人不理解的孤独，又怎么会物我两忘，撰写出中国第一部纪传体通史——《史记》呢？海明威不经历人生中的孤独，又如何能在与自己交织的情感的搏斗中感悟到世间的真谛，写下能让他步入诺贝尔文学奖殿堂的巨著——《老人与海》呢？由此观之，孤独像炒过的茶，愈沉淀愈醇香，让你能在品味漫漫幽香中，领悟生命的真实。

"钢铁是在烈火与骤冷中炼成的。"奥斯特洛夫斯基如是说，斗争如烈火，孤独如骤冷。孤独是最好的磨刀石，它能将炽热的金属塑型，使你成为你。

"路漫漫其修远兮，吾将上下而求索"，那是屈原在将自己的心灵与永恒的孤独相碰撞，造就了自投汨罗、不染尘垢的屈子；"安能摧眉折腰事权贵，使我不得开心颜"，那是李太白在打磨自己的品格，同赐金放还的孤独相抗争，筑就了吐出半个盛唐的谪仙人李白；"问汝平生功业，黄州惠州儋州"，那是苏轼在砺磨自身的孤寂，用超然的乐观形成自己的风骨，终成了爱民如子、名传千古的东坡居士。在孤独这块磨刀石上，你能重塑你的人格，在心灵与孤独的碰撞中，擦出生命的火花。

世人若是不解孤独，安解"凌寒独自开"的傲骨？安解"独钓寒江雪"的风度？我们应当贯通中华民族五千多年来对孤独的珍视，在孤独中领悟心灵，浸润心灵，塑造心灵，而非单纯视孤独为洪水猛兽；我们应赓续历史文脉"继往圣绝学"，始终铭记责任"开万世太平"，使红色血脉谱系中的实干精神、奉献精神为习近平新时代中国特色社会主义建设赋能，在默默无闻、艰苦奋斗的作风中耐得住始终如一的寂寞，受得了不为人知的孤独！

请你来点评：_____

_____

_____

_____

（本课编写人：田春华）

敬鬼神而远之

❶ 季路问事鬼神。子曰："未能事人，焉能事鬼？"曰："敢问死。"曰："未知生，焉知死？"

❷ 子曰："论笃是与①，君子者乎？色庄者乎？"

❸ 乡人饮酒②，杖者③出，斯出矣。

❹ 升车，必正立，执绥④。车中不内顾⑤，不疾言⑥，不亲指⑦。

❺ 子路使子羔为费宰。子曰："贼⑧夫人之子⑨。"子路曰："有民人焉，有社稷⑩焉，何必读书，然后为学？"子曰："是故恶⑪夫佞者。"

❻ 子贡问："师与商⑫也孰贤？"子曰："师也过，商也不及。"曰："然则师愈⑬与？"子曰："过犹不及。"

❼ 子曰："由之瑟⑭奚为于丘之门⑮？"门人不敬子路。子曰："由也升堂矣，未入于室⑯也。"

❽ 季氏富于周公⑰，而求也为之聚敛⑱而附益⑲之。子曰："非吾徒也。小子鸣鼓而攻之可也。"

❾ 子曰："回也非助我者也，于吾言无所不说。"

❿ 颜渊死，子哭之恸⑳。从者曰："子恸矣！"曰："有恸乎？非夫㉑人之为恸而谁为？"

① [论笃是与] 论，言论。笃，诚恳。与，赞许。意思是对说话笃实诚恳的人表示赞许。

② [乡人饮酒] 指当时的乡饮酒礼。

③ [杖者] 拿拐杖的人，指老年人。

④ [绥] 上车时扶手用的索带。

⑤ [内顾] 回头看。

⑥ [疾言] 大声说话。

⑦ [不亲指] 不用自己的手指划。

⑧ [贼] 害。

⑨ [夫人之子] 指子羔。孔子认为他没有经过很好的学习就去从政，这会害了他自己的。

⑩ [社稷] 社，土地神。稷，谷神。这里的"社稷"指祭祀土地神和谷神的地方，即社稷坛。古代国都及各地都设立社稷坛，分别由国君和地方长官主祭，故社稷成为国家政权的象征。

⑪ [恶] 讨厌。

⑫ [师与商] 师，颛孙师，即子张。商，卜商，即子夏。

⑬ [愈] 胜过、强些。

⑭ [瑟] 一种古乐器，与古琴相似。

⑮ [奚为于丘之门] 奚，为什么。为，弹。为什么在我这里弹呢？

⑯ [升堂入室] 堂是正厅，室是内室，用以形容学习程度的深浅。

⑰ [季氏富于周公] 季氏比周朝的公侯还要富有。

⑱ [聚敛] 积聚和收集钱财，即搜刮。

⑲ [益] 增加。

⑳ [恸] 哀伤过度，过于悲痛。

㉑ [夫] （音fú），指示代词，此处指颜渊。

语言建构与运用

日有所诵

反复诵读，读准字音、读出节奏，同学之间可相互点评。

句读分明

请用斜线（/）给下面一段话断句。（限划9处）

见齐衰者虽狎必变见冕者与瞽者虽亵必以貌凶服者式之式负版者有盛馔必变色而作迅雷风烈必变。

字字落实

请将下面的短文翻译成现代汉语。

子路问："闻斯行诸？"子曰："有父兄在，如之何其闻斯行之？"冉有问："闻斯行诸？"子曰："闻斯行之。"公西华曰："由也问闻斯行诸，子曰'有父兄在'；求也问闻斯行诸，子曰'闻斯行之'。赤也惑，敢问。"子曰："求也退，故进之。由也兼人，故退之。"

_____

_____

参考译文

① 季路问怎样去侍奉鬼神。孔子说："没能侍奉好人，怎么能侍奉鬼呢？"季路说："请问死是怎么回事？"（孔子回答）说："还不知道活着的道理，怎么能知道死呢？"

② 孔子说："听到人议论笃实诚恳就表示赞许，但还应看他是真君子呢？还是伪装庄重的人呢？"

③ 行乡饮酒的礼仪结束后，（孔子）一定要等老年人先出去，然后自己才

出去。

④ 上车时，一定先直立站好，然后拉着扶手带上车。在车上不回头，不高声说话，不用自己的手指指点点。

⑤ 子路让子羔去作费地的长官。孔子说："这简直是害人子弟。"子路说："那个地方有老百姓，有社稷，治理百姓和祭祀神灵都是学习，难道一定要读书才算学习吗？"孔子说："所以我讨厌那种花言巧语狡辩的人。"

⑥ 子贡问："子张和子夏二人谁更好一些呢？"孔子回答说："子张过分，子夏不足。"子贡说："那么是子张好一些吗？"孔子说："过分和不足是一样的。"

⑦ 孔子说："仲由弹瑟，为什么在我这里弹呢？"孔子的学生们因此都不尊敬子路。孔子便说："仲由嘛，他在学习上已经达到升堂的程度了，只是还没有入室罢了。"

⑧ 季氏比周朝的公侯还要富有，而冉求还帮他搜刮来增加他的钱财。孔子说："他不是我的学生了，你们可以大张旗鼓地去攻击他。"

⑨ 孔子说："颜回不是对我有帮助的人，他对我说的话没有不心悦诚服的。"

⑩ 颜渊死了，孔子哭得极其悲痛。跟随孔子的人说："您悲痛过度了！"孔子说："太悲伤了吗？我不是为这个人悲伤过度，又为谁呢？"

思维发展与品质

合作探究

在阅读本课时，你有哪些疑惑不解之处？列出来，并与小组同伴探究。

疑惑1：＿＿＿＿＿＿＿＿＿＿＿＿＿＿＿＿＿＿＿＿＿＿＿

疑惑2：＿＿＿＿＿＿＿＿＿＿＿＿＿＿＿＿＿＿＿＿＿＿＿

探究结果：＿＿＿＿＿＿＿＿＿＿＿＿＿＿＿＿＿＿＿＿＿

＿＿＿＿＿＿＿＿＿＿＿＿＿＿＿＿＿＿＿＿＿＿＿＿＿＿＿

归纳总结

请简要归纳总结，在本课选文之中，孔子（及其弟子）谈论了哪些内容，提出了哪些主张。

_____

_____

审美鉴赏与创造

名句共赏

季路问事鬼神。子曰："未能事人，焉能事鬼？"曰："敢问死。"曰："未知生，焉知死？"

【他人评析】孔子这里讲的"事人"，指侍奉君父。在君父活着的时候，如果不能尽忠尽孝，君父死后也就谈不上孝敬鬼神，他希望人们能够忠君孝父。本章表明了孔子在鬼神、生死问题上的基本态度，他不信鬼神，也不把注意力放在来世或死后的情形上，在君父生前要尽忠尽孝，至于对待鬼神，就不必多提了。这一章为他所说的"敬鬼神而远之"做了注脚。

【我的评析】_____

_____

明理思辨

请就下面一段话发表自己的观点。

子张问善人之道。子曰："不践迹，亦不入于室。"

_____

_____

文化传承与理解

成语经典

请指出下列各句中的成语，并解释其含义。

1. 朝，与下大夫言，侃侃如也；与上大夫言，訚訚如也。君在，踧踖如也，与与如也。

成语：_____ 含义：_____

2. 入公门，鞠躬如也，如不容。立不中门，行不履阈。过位，色勃如也，足躩如也，其言似不足者。摄齐升堂，鞠躬如也，屏气似不息者。出，降一等，逞颜色，怡怡如也。没阶，趋进，翼如也。复其位，踧踖如也。

成语：_____ 含义：_____

成语：_____ 含义：_____

3. 食不厌精，脍不厌细。食饐而餲，鱼馁而肉败，不食。色恶，不食。臭恶，不食。失饪，不食。不时，不食。割不正，不食。不得其酱，不食。肉虽多，不使胜食气。惟酒无量，不及乱。沽酒市脯不食。不撤姜食，不多食。

成语：_____ 含义：_____

4. 子路率尔而对曰："千乘之国，摄乎大国之间，加之以师旅，因之以饥馑，由也为之，比及三年，可使有勇，且知方也。"

成语：_____ 含义：_____

5. 曰："莫春者，春服既成，冠者五六人，童子六七人，浴乎沂，风乎舞雩，咏而归。"

成语：_____ 含义：_____

文化常识

社稷：社，土地神。稷，谷神。

107

读 "语" 知理

学知识，长见识，壮胆识
文家何

学知识，长见识，壮胆识三者看似孤立，联系起来看，实则是一个由学习到运用，由认识到实践再拓宽认识的一个不断深化、循序渐进的成长路径。

学知识是学习前人经验以奠定成长基础；长见识则演变为在自己的生活实践中形成直接经验，拓宽眼界、提升自我的过程；更进一步，壮胆识则是将自己所学勇敢地运用于实践中去，并进一步提升自己的过程，也是极具挑战性的重要一环。

"一朝清鸣惊四海，三年刻楮岂无功？"学知识以奠定基础，唯有厚积薄发，方可一鸣惊人。学知识，须有苏轼"发奋识遍天下字，立志读尽人间书"的坚定信念；须有白居易"二十已来，昼课赋，夜课书，间又课诗"废寝忘食般的勤奋；也应有孟子"登高而招，顺风而呼"，巧借他山之石以攻玉的智慧。学习知识，将他人所有为我所用，奠定成长之基。

"受光于庭户见一堂，受光于天下照四方。"长见识以提升自我，唯有积累经验，才成远见卓识。增长见识的途径不只有学习间接经验，更应在社会实践中去积累自己的经验。毛泽东在革命实践中不断增长见识，发现了苏俄攻占大城市的道路不符合当时中国的国情，敢于质疑，敢于批判，创造性地提出"农村包围城市，武装夺取政权"的革命新道路，指明了中国革命的新方向。这是他基于自己亲身的革命实践和调查研究所总结出的真理，也形成了中国共产党传承至今的实事求是的作风。

增长见识还需与时俱进，这也是当今人类发展所需的一堂必修课。百年变局，动乱交织，冷战思维重现、保护主义抬头，人类将何去何从？和平与发展的夙愿能否实现？我们惊喜地看到，一带一路发展倡议在沿线各国生根发芽，人类命运共同体理念擘画了人类和平发展的美好蓝图。中国给出的答案，顺应了历史潮流，回应了时代要求，可谓远见卓识。

"天变不足畏，祖宗不足法，人言不足恤。"壮胆识以付诸实践，唯有"躬身入局"，才能摘得硕果。壮胆识，要有敢闯的勇气：正是因为敢闯，中国的两弹元勋们在国外严密封锁的条件下，造出中国人自己的核武器，威震四方；正是因为敢闯，一批批企业家和科研者闯出了深圳这一改革开放的试验田、创新的高地……壮胆识，仍要有智慧的助力：荆轲刺秦，世所称赞其勇，而终究未改秦灭燕之惨痛结局，何也？因其手段只可谓莽勇而非智勇，倘若燕国大胆施以改革，强国富民以制秦，而非施以刺王杀驾之下策，燕国的结局是否有被改写的可能？

作为新时代的青年，我们壮胆识的实践，更应该放在民族伟大复兴的历史征程之中，将个人所为与时代之需相契合，这应当是我们共同的追求。

学习知识、增长见识、壮大胆识，是一个融会贯通的过程。实践的发展，也会推动认识的深化，从而实现自我的更高发展。如何在自我成长过程中回报社会，我相信，我们会给出答案！

【点评】本文标题紧扣"知识""见识""胆识"。全文从"知识""见识""胆识"的关系入手，文气贯通、文脉清晰、文骨鲜明，在紧扣材料要求的基础上，采用多种论证方法，强调从实践中积累经验又将经验运用于实践，富有哲思。都说考场作文是"戴着镣铐跳舞"，本文酣畅淋漓，读来令人口齿噙香，不失为惊鸿一舞！

携三"识"至春山

江彦伯

人才自古以来讲究德、才、学、识四者兼备。其中知识、见识、胆识构成了重要的人生三"识"。以我之见，人的成才之路需以"知"筑基，以"见"长闻，以"胆"昭勇，方可提升人性，远行平芜，得见彩彻区明的春山之景。

人生有三"识"，一曰"知识"。

纵使社会进步不止，时代发展不息，浩瀚历史之中唯有知识地位未曾改变。人类以有知探寻无知的梦想与追求也从未改变。古有万户为了翱翔九天之梦，以生命为代价，开启了中国人民对天穹之上的追寻与探索；今有"天宫"揽月、"祝融"登火、"北斗"凌空……万户因知识匮乏，没有先进的科学技术作为支撑，因此对于梦想的追求仅仅停留在空有理想而无法真正付诸实践；而如今中国的航天科学家以过强过硬的知识储备，屡创佳绩，愈战愈勇，在浩渺宇宙间撑起了独属于中国的一份"宇宙浪漫"。故曰："以知识筑基，方可追逐梦想。"

人生有三"识"，二曰"见识"。

"见识"，意为见闻、学识，即要远见卓识，高瞻远瞩，不畏浮云遮望眼。清朝末期，因为统治阶级的故步自封，颓废消沉，整个国家满目疮痍，民不聊生。那一次次的割地赔款，那一张张记录着列强暴行的不平等条约，成为中国近代史上沉痛的屈辱和历史记忆。在此危急存亡之秋，有一群中国的有志青年终于意识到了救亡图存对此时此刻的中国的必要性，于是他们挺身而出，以长远的眼光提出了"师夷长技以制夷"的方针，兴办制造厂、船厂，为后来中国人民抗争不平等地位以及列强侵略的胜利打下基础。正是因为有了这样一群见识广博、高瞻远瞩、不畏浮云遮望眼的有志青年，国人才会真正地走上追寻真理的道路。故曰："以见识长闻，方可看破浮云。"

人生有三"识"，三曰"胆识"。

胆识，是领略知识之智慧、见识之广博后的勇气与果敢。"胆"是"我自横刀向天笑，去留肝胆两昆仑"的烈胆，是"人生自古谁无死，留取丹心照汗青"的忠胆，更是邹忌敢于以臣子之身、生活之理讽谏齐王的义胆。邹忌能以生活之中的比美小事，联想到齐王治国理政的纳谏大事，并以臣子之身讽谏之，依靠的无非是其过人之胆识。无此过人胆识，就无齐王明事理一事，更无"燕、赵、韩、魏皆朝于齐"的盛大国势。故曰："以胆识昭勇，方可破除壁障。"

以知识追逐梦想，以见识看破浮云，以胆识破除壁障，纵使前路漫漫、征途修远，但终能见到云销雨霁的清朗人间，达到彩彻区明的灿烂春山。吾辈青年正风华正茂，愿诸君携三"识"之手，以萤火之微光补益山海，以入世之心胆付诸行动，以生命之辉光照亮祖国未来。

【点评】文章开门见山提出了"携三'识'以至春山"的观点，中间以"知识""见识""胆识"三层分论点层层递进地展开论述，逻辑清晰，结构明朗。过渡自然，举例典型，由古及今，由个人到国家，给予读者深刻印象。文末以排比呼应开头，循循善诱，以报效祖国，实现个人价值收束全文，联系当下，意蕴深刻。

请你来点评：_____

_____

_____

_____

品孤独之酒，享热烈人生
莫倚

仰望月光，张若虚写下"此时相望不相闻"，这是思妇的孤独；遥望故土，饲养永不分娩的公羊，这是苏武的孤独；俯看破灭楼阁，吟咏"恰似一江春水向东流"，这是李煜的孤独。

时光流转，千百年后的今天，孤独仍与我们如影随形，有的人在孤独中沉沦，有的人在孤独中成长，孤独当如何诠释？

孤独不是故步自封，目中无人，与世隔绝，而是为自己留一道缝隙。

孤独是一道缝隙，透过它，我窥见了饱受排挤的苏东坡积极乐观，不与外界同流合污，为官一任，造福一方；窥见了巾帼宰相上官婉儿于重男轻女的时代，凭单单女子之身，居政治高位；窥见了王昭君为国远嫁，心怀故土，无怨无悔，月下独吹羌笛的清冷身影。"孤独和寂寞不同，寂寞会发慌，孤独则是饱满的。"孤独为自己留下了小小的个人空间，免除外界打扰，心无旁骛。

一片热忱在玉壶。在孤独中坚定志向，矢志不渝地奋斗。

2023年诺奖得主考里科，苦心研究mRNA疫苗40年，历经三次解雇、无数次冷板凳，在孤独的研究之旅中始终保持热情，朝目标不断奋进；学者钟扬不断对植物种子进行收集、整理，无论海拔有多高、气候有多么寒冷，只要有植物，就能看见他孤独的身影，他对科学研究的初心从未改变，用生命诠释了什么是"人民科学家"。他们在孤独中前行，因为目标便是他们永远的明灯，孤独益坚，不坠青云之志。

且视孤独如飘雪。于孤独中排遣，于孤独中倔强成长，于孤独中重获新生。

诸葛瞻生于战乱时期，难以与父诸葛亮见面，他总是一个人学习，一个人思考，在独处中升华思想，年仅14岁便才华横溢，被誉为才子；朱元璋幼时父母双亡，他四处流浪，却永无太平之日，后来他加入了起义军，从孤苦一人做到万人之上，他在孤独中看清了人性，在孤独中学会争夺。他们在孤独中倔强成长，在孤独中品人生百味，在孤独中，他们开出了自己的绚丽之花。

孤独之酒固然苦涩，灼烧的痛感可能令人望而生怯，但喝下去的酒会在胃中翻涌，温暖全身；历经的孤独，会在心中燃烧，获得新生。你我正青春，何不把"酒"言欢，乐赏生命之花？

"我们喝着孤独的酒，吹着自由的风，于苦难的世界徜徉，享受着自己那热烈的人生。"

请你来点评：_____

_____

_____

_____

（本课编写人：雷霞　蒋琳）

克己复礼

❶ 颜渊问仁。子曰:"克己复礼①为仁。一日克己复礼,天下归仁②焉。为仁由己,而由人乎哉?"颜渊曰:"请问其目③。"子曰:"非礼勿视,非礼勿听,非礼勿言,非礼勿动。"颜渊曰:"回虽不敏,请事④斯语矣。"

❷ 仲弓问仁。子曰:"出门如见大宾,使民如承大祭⑤。己所不欲,勿施于人。在邦无怨,在家无怨⑥。"仲弓曰:"雍虽不敏,请事斯语矣。"

❸ 司马牛忧曰:"人皆有兄弟,我独亡。"子夏曰:"商闻之矣:死生有命,富贵在天。君子敬而无失,与人恭而有礼。四海之内,皆兄弟也。君子何患乎无兄弟也?"

❹ 棘子成⑦曰:"君子质而已矣,何以文为?"子贡曰:"惜乎,夫子之说君子也。驷不及舌⑧。文犹质也,质犹文也。虎豹之鞟⑨犹犬羊之鞟。"

❺ 齐景公问政于孔子。孔子对曰:"君君,臣臣,父父,子子。"公曰:"善哉!信如君不君,臣不臣,父不父,子不子,虽有粟,吾得而食诸?"

❻ 子曰:"君子成人之美,不成人之恶。小人反是。"

❼ 子贡问友。子曰:"忠告而善道之,不可则止,毋自辱焉。"

❽ 曾子曰:"君子以文会友,以友辅仁。"

① ［克己复礼］克己，克制自己。复礼，使自己的言行符合于礼的要求。

② ［归仁］归，归顺。仁，即仁道。

③ ［目］具体的条目。目和纲相对。

④ ［事］从事，照着去做。

⑤ ［出门如见大宾，使民如承大祭］这句话是说，出门办事和役使百姓，都要像迎接贵宾和进行大祭时那样恭敬严肃。

⑥ ［在邦无怨，在家无怨］邦，诸侯统治的国家。家，卿大夫统治的封地。

⑦ ［棘子成］卫国大夫。古代大夫都可以被尊称为夫子，所以子贡这样称呼他。

⑧ ［驷不及舌］指话一说出口，就收不回来了。驷，拉一辆车的四匹马。

⑨ ［鞟］（音kuò），去掉毛的皮，即革。

语言建构与运用

日有所诵

反复诵读，读准字音、读出节奏，同学之间可相互点评。

句读分明

请给下面一段话加上标点符号。（限16处）

子张问："士何如斯可谓之达矣？"子曰："何哉，尔所谓达者？"

子张对曰在邦必闻在家必闻子曰是闻也非达也夫达也者质直而好义察言而观色虑以下人在邦必达在家必达夫闻也者色取仁而行违居之不疑在邦必闻在家必闻。

字字落实

请翻译下列语句。（注意突破加点的字词）

季康子问政于孔子曰："如杀无道，以就有道，何如？"孔子对曰："子为政，焉用杀？子欲善而民善矣。君子之德风，人小之德草，草上之风，必偃。"

参考译文

① 颜渊问怎样做才是仁。孔子说："克制自己，一切都照着礼的要求去做，这就是仁。一旦这样做了，天下的一切就都归于仁了。实行仁德，完全在于自己，难道还在于别人吗？"颜渊说："请问实行仁的条目。"孔子说："不合于礼的不要看，不合于礼的不要听，不合于礼的不要说，不合于礼的不要做。"颜渊说："我虽然愚笨，也要照您的这些话去做。"

② 仲弓问怎样做才是仁。孔子说："出门办事如同去接待贵宾，使唤百

姓如同去进行重大的祭祀，（都要认真严肃。）自己不愿意要的，不要强加于别人。做到在诸侯的朝廷上没人怨恨（自己），在卿大夫的封地里也没人怨恨（自己）。"仲弓说："我虽然笨，也要照您的话去做。"

③ 司马牛忧愁地说："别人都有兄弟，唯独我没有。"子夏说："我听说过：死生有命，富贵在天。君子只要对待所做的事情严肃认真，不出差错，对人恭敬而合乎于礼的规定，那么，天下人就都是自己的兄弟了。君子何愁没有兄弟呢？"

④ 棘子成说："君子只要具有好的品质就行了，要那些表面的仪式干什么呢？"子贡说："真遗憾，夫子您这样谈论君子。一言既出，驷马难追。本质就像文采，文采就像本质，都是同等重要的。去掉了毛的虎、豹皮，就如同去掉了毛的犬、羊皮一样。"

⑤ 齐景公问孔子如何治理国家。孔子说："做君主的要像君的样子，做臣子的要像臣的样子，做父亲的要像父亲的样子，做儿子的要像儿子的样子。"齐景公说："讲得好呀！如果君不像君，臣不像臣，父不像父，子不像子，虽然有粮食，我能吃得上吗？"

⑥ 孔子说："君子成全别人的好事，而不助长别人的恶处。小人则与此相反。"

⑦ 子贡问怎样对待朋友。孔子说："忠诚地劝告他，恰当地引导他，如果不听也就罢了，不要自取其辱。"

⑧ 曾子说："君子以文章学问来结交朋友，依靠朋友帮助自己培养仁德。"

思维发展与品质

合作探究

在阅读本课时，你有哪些疑惑不解之处？列出来，并与小组同伴探究。

疑惑1：_____

疑惑2：_____

探究结果：_____

_____

归纳总结

请简要归纳总结，在本课选文之中，孔子（及其弟子）谈论了哪些内容，提出了哪些主张。

_____

_____

审美鉴赏与创造

名句共赏

子曰："克己复礼为仁。一日克己复礼，天下归仁焉。"

【他人评析】"克己复礼为仁"，这是孔子关于什么是仁的主要解释。在这里，孔子以礼来规定仁，依礼而行就是仁的根本要求。所以，礼以仁为基础，以仁来维护。仁是内在的，礼是外在的，二者紧密结合。这里实际上包括两个方面的内容，一是克己，二是复礼。克己复礼就是通过人们的道德修养自觉地遵守礼的规定。这是孔子思想的核心内容，贯穿于《论语》一书的始终。

【我的评析】_____

_____

明理思辨

下面是孔子关于"君子"的认识，对此你怎么看？

司马牛问君子。子曰："君子不忧不惧。"曰："不忧不惧，斯谓之君子已乎？"子曰："内省不疚，夫何忧何惧？"

【译文】司马牛问怎样才是君子。孔子说："君子不忧愁，不恐惧。"司马牛说："不忧愁，不恐惧，这就叫君子了吗？"孔子说："内心反省而不内疚，那还有什么可忧虑和恐惧的呢？"

_____

_____

文化传承与理解

成语经典

请指出下列各句中的成语，并解释其含义。

1. 子曰："己所不欲，勿施于人。在邦无怨，在家无怨。"

   成语：_____含义：_____

2. 子贡曰："惜乎，夫子之说君子也。驷不及舌。"

   成语：_____含义：_____

3. 孔子对曰："君子之德风，人小之德草。草上之风，必偃。"

   成语：_____含义：_____

4. 子曰："夫达也者，质直而好义，察言而观色，虑以下人。"

   成语：_____含义：_____

5. 子曰："君子成人之美，不成人之恶。小人反是。"

   成语：_____含义：_____

6. 子曰："片言可以折狱者，其由也与？"

   成语：_____含义：_____

7. 子曰："爱之欲其生，恶之欲其死。既欲其生，又欲其死，是惑也。"

   成语：_____含义：_____

读 "语" 知理

甘为小丘守本分

胡书瑜

冰心曾在《繁星·春水》中写道："创造新大陆的，不是那滚滚的波浪，却是它底下细小的泥沙。"吾亦愿作渺如星尘之小丘，坚守本分，衬托那主峰耀眼的巍峨。

我为小丘，亦将沉淀金石，厚积薄发。"没有可怕的深度，就没有美丽的水面。"尼采的这番箴言向我们道尽了平凡的真谛。沈国平也说，人们误把朴素当作简单，把华丽当作丰富。殊不知，毫不起眼的小丘，在坚守本分中蓄藏了巨大的能量。心理学上的"懒蚂蚁效应"告诉我们，平时看似无所作为、惶惶终日的那只"懒蚂蚁"，在关键时刻能带领伙伴找到新的食物，摆脱困境；人又何尝不是？作小丘，守本分，卧薪尝胆。

我为小丘，不为张扬主峰，戒骄戒躁。《秋声赋》有言："物过盛而当杀。"君不见，秦"序八州而朝同列""余威震于殊俗"然二世而亡，"为天下笑"，实盛极必衰矣；正如严歌苓所述："开成花灾的玫瑰不是灿烂，而是荒凉。"古今多少巍巍帝国，曾势如排山倒海，却也倾颓于一夜之间，大厦轰然倒塌，而正是那坚守本分的"小丘"们，在历史的大浪淘沙中岿然不动，方显英雄底色。抗战老兵杜富国，在战场上屡立军功，却深藏身与名，任世人惊叹敬佩这位伟大的战士。作小丘，不浮夸，矗立史册。

我为小丘，定要众志成城，万众一心。"积力之所举，则无不胜也；众智之所为，则无不成也。"《淮南子》中的这句话，让我们看到万千小丘的磅礴之势。十四年抗战，如果没有无数仁人志士前赴后继，"位卑未敢忘忧国"，哪有抗战胜利的赫赫战功？三年多抗疫，如果没有众多医护人员无私奉献，哪有不断转好并走向正轨的中国？爱因斯坦曾说："人只有献身于社会，才能找出那短暂而有风险的生命的意义。"是啊，作为万千人民中的一员，我们并不能领导泱泱大国扬起风帆，但我们作为历史的创造者，"苟利国家生死以，岂因祸福避趋之"。作小丘，齐一心，强国富民！

生而为人，我不愿强求做那凌绝万人的主峰，而愿做一小丘，在平凡中沉淀力量，在沉默中珍藏光辉，在集体中共筑长城！为一小丘，在时代的风暴角蠹立不倒；为一小丘，执坚韧的登山棒，守着本分，奋发有为！

请你来点评：＿＿＿＿＿＿＿＿＿＿＿＿＿＿＿＿＿＿＿＿＿

＿＿＿＿＿＿＿＿＿＿＿＿＿＿＿＿＿＿＿＿＿＿＿＿＿＿＿＿＿＿

＿＿＿＿＿＿＿＿＿＿＿＿＿＿＿＿＿＿＿＿＿＿＿＿＿＿＿＿＿＿

＿＿＿＿＿＿＿＿＿＿＿＿＿＿＿＿＿＿＿＿＿＿＿＿＿＿＿＿＿＿

山登绝顶我为峰

许夏宾

倘若登山不登最高峰，那便失去了登山的意义。而我们皆是芸芸众生，更须立志成为人群中最耀眼的主峰。做一件事，就要做到极致，这样，我们才能于高山之巅，方觉大河奔涌；于群峰之巅，更觉长风浩荡。

立志成为主峰，是对坚持的回馈。徐梦桃在自由式女子滑雪空中技巧项目中，获得了中国乃至亚洲的第一枚金牌。金牌的背后，是无数次的跳跃的测算，是无数次耐心复盘比赛中可能遇到的每一种情况，是无数次的坚持。正是由于徐梦桃以金牌作为目标，立志成为滑雪项目中的主峰，并真正地为国家增光添彩，才无愧于自己，回馈了自身的坚持。

若并非以冠军作为目标，那么她的坚持不过是无人所知的过往罢了，因为人们更会记住的是第一名的耀眼。可见，立志成为主峰，成就自我的同时，也照耀了他人。

立志成为主峰，是对梦想的勇敢追求。青年钟扬义无反顾来到青藏高原，只为实现填补青藏高原种子库的梦想，他在青藏高原极寒的恶劣天气条件下，踏遍了青藏高原的每一个角落，致力于打造青藏高原的"种子方舟"。最终战胜环境，实现梦想。

此前，青藏高原种子库一片空白，钟扬面对着没有主峰的种子领域，面对着青藏高原的恶劣环境，勇敢地追求梦想，不怕困难，立志成为主峰，终获成功。照耀人们的同时，也造福了人们。

立志成为主峰，是对社会的担当。面对"非典"，陈薇带领团队争分夺秒，研制出全新的SARS预防用药，并跑遍全国定点医院亲自指导。对阵埃博拉，她远赴非洲，不舍昼夜，一年内研制出世界首个抗击埃博拉病毒的新基因疫苗，为攻克世界级难题做出巨大贡献。2020年，面对突如其来的新冠疫情，她带领团队突破核酸检测的瓶颈，又联合各方，成功研制出世界上第一支重组新冠疫苗。

陈薇勇担社会责任，肩负人民信任，立志成为抗疫领域的主峰，造福于社会。

在各自的领域成为主峰的人们，回馈了坚持，追求了梦想，肩扛了担当……他们是最耀眼的存在，照耀了芸芸众生，造福了人们。

而眼下，还有群峰蓄势待发，我们首先要做自己的主峰，再做群山的主峰，脚踏实地，认真走好每一步，做好每一件事，并立志成为主峰，才能实现人生的价值，成就更好的自我，照耀他人。

请你来点评：_____

_____

_____

_____

细小之火燎原野，广大之光耀四方
佚名

黄河柔肠百转，长江一咏三叹，历史向宇宙的纵深延展，它的沉重与鲜活，豪放与乖张，悠久与善变，将我们推向"小大之辩"的洪流，而作为新时代青年学子，我们要知晓"天下大事，必作于细"的真谛。

细小之火燎原野，苍凉积雪将消融。从古语"致广大而尽精微"中，我们不难看出"精微"的重要性。欲成大事者必将从细节做起，那浩然屹立的长城，不是从一土一瓦开始筑起的吗？那洋洋洒洒的《红楼梦》不是尽精尽微，尽善尽美，"批阅十载，增删五次"才有千古流传的美誉吗？那救世界于危难之中的青蒿素不是屠呦呦团队从无数古籍中精批细选，只为那一页书一行字于毫末之中找到的雪中之炭吗？无数历史的经验告诉我们，只有从小处着眼，从精处钻研，从微处起步，从易处入手，才能有壮丽的景色，宏伟的蓝图，惊天动地的成就。

广大之光耀四方，烈烈朝晖终可期。成大事者，必将有一个广大的梦想，这番大理想终成前进路上的根本动力源泉。回首往事，如果没有孔孟的最大格局的"修身治国平天下"的理想，怎会有中华民族血脉中镌刻的家国情怀？如果没有马丁·路德·金最高境界的演讲《我有一个梦想》，怎么会有正义的反抗，怎么会有黑奴自由的那一天？如果没有尼采用最远瞻之眼推进的最难懂的哲学事业，不知人们还将在漫漫长夜中摸索多久，又怎会有思想的开化与解放？有人说："我看见最小的光芒照在人们身上，也看见明天的太阳升起在一个没有战乱和痛苦的地方。"这便是大格局与小发端的结合，一番伟业的成就必然与着笔于大方向密不可分。没有大格局、高境界、广作为，我们又将怎样迎来一个海晏河清、繁花似锦的明天？

细小是广大的基石，广大是细小的发展。青年学子们不要忘记"不积跬步，无以至千里"的嘱托，"致广大"的热望。我们身逢其时，肩负重任，祖国的未来将由我们谱写，望诸君牢记"细小之火，星星燎原；广大之光，四方普照"，将小事做到最好，将大事铭记于心，做有担当的中国青年。

苍凉积雪终消融，烈烈朝晖将可期待。

请你来点评： _____

_____

_____

_____

（本课编写人：梁雨）

唯贤是举

❶ 仲弓为季氏宰，问政。子曰："先有司①，赦小过，举贤才。"曰："焉知贤才而举之？"子曰："举尔所知。尔所不知，人其舍诸②？"

❷ 子曰："苟正其身矣，于从政乎何有？不能正其身，如正人何？"

❸ 子夏为莒（jǔ）父宰，问政。子曰："无欲速，无见小利。欲速则不达，见小利则大事不成。"

❹ 子曰："君子和③而不同④，小人同而不和。"

❺ 子贡问曰："何如斯可谓之士⑤矣？"子曰："行己有耻，使于四方，不辱君命，可谓士矣。"曰："敢问其次。"曰："宗族称孝焉，乡党称弟焉。"曰："敢问其次。"曰："言必信，行必果⑥，硁硁⑦然小人哉！抑亦可以为次矣。"曰："今之从政者何如？"子曰："噫！斗筲之人⑧，何足算也！"

❻ 子曰："其身正，不令而行；其身不正，虽令不从。"

❼ 子贡问曰："乡人皆好之，何如？"子曰："未可也。""乡人皆恶之，何如？"子曰："未可也。不如乡人之善者好之，其不善者恶之。"

❽ 子曰："君子泰而不骄，小人骄而不泰。"

注释

①［有司］古代负责具体事务的官吏。

②［诸］"之乎"二字的合音。

③［和］不同的东西和谐地配合叫作和。

④［同］相同的东西相加或与人相混同，叫作同。

⑤［士］士在周代贵族中位于最低层。此后，士成为古代社会知识分子的通称。

⑥［果］果断、坚决。

⑦［硁硁］（音kēng），象声词，敲击石头的声音。这里引申为像石块那样坚硬。

⑧［斗筲之人］筲，（音shāo），竹器，容五升。比喻器量狭小的人。

语言建构与运用

日有所诵

反复诵读，读准字音、读出节奏，同学之间可相互点评。

句读分明

请给下列句子断句。（限8处）

叶公语孔子曰吾党有直躬者其父攘羊而子证之孔子曰吾党之直者异于是父为子隐子为父隐直在其中矣。

字字落实

请将下列语句翻译成现代汉语。（注意突破加点的字词）

1. 樊迟问仁。子曰："居处恭，执事敬，与人忠。虽之夷狄，不可弃也。"

_____

_____

2. 子曰："南人有言曰：'人而无恒，不可以作巫医。'善夫！""不恒其德，或承之羞。"子曰："不占而已矣。"

_____

_____

参考译文

① 仲弓做了季氏的家臣，问怎样管理政事。孔子说："先责成手下负责具体事务的官吏，让他们各负其责，赦免他们的小过错，选拔贤才来任职。"仲弓又问："怎样知道是贤才而把他们选拔出来呢？"孔子说："选拔你所知道的，至于你不知道的贤才，别人难道还会埋没他们吗？"

② 孔子说："如果端正了自身的行为，管理政事还有什么困难呢？如果不

能端正自身的行为，怎能使别人端正呢？"

③ 子夏做莒父的总管，问孔子怎样办理政事。孔子说："不要求快，不要贪求小利。求快反而达不到目的，贪求小利就做不成大事。"

④ 孔子说："君子讲求和谐而不同流合污，小人只求完全一致，而不讲求协调。"

⑤ 子贡问道："怎样才可以叫作士？"孔子说："自己在做事时有知耻之心，出使外国各方，能够完成君主交付的使命，可以叫作士。"子贡说："请问次一等的呢？"孔子说："宗族中的人称赞他孝顺父母，乡党们称赞他尊敬兄长。"子贡又问："请问再次一等的呢？"孔子说："说到一定做到，做事一定坚持到底，不问是非地固执己见，那是小人啊。但也可以说是再次一等的士了。"子贡说："现在的执政者，您看怎么样？"孔子说："唉！这些器量狭小的人，哪里能数得上呢！"

⑥ 孔子说："自身行为端正，即使不发布命令，老百姓也会去干，自身行为不端正，即使发布命令，老百姓也不会服从。"

⑦ 子贡问孔子说："全乡人都喜欢、赞扬他，这个人怎么样？"孔子说："这还不能肯定。"子贡又问孔子说："全乡人都厌恶、憎恨他，这个人怎么样？"孔子说："这也是不能肯定的。最好的人是全乡的好人都喜欢他，全乡的坏人都厌恶他。"

⑧ 孔子说："君子安静坦然而不傲慢无礼，小人傲慢无礼而不安静坦然。"

思维发展与品质

合作探究

在阅读本课时，你有哪些疑惑不解之处？列出来，并与小组同伴探究。

疑惑1：_____

疑惑2：_____

探究结果：_____

归纳总结

请简要归纳总结，在本课选文之中，孔子（及其弟子）谈论了哪些内容，提出了哪些主张。

_____

_____

审美鉴赏与创造

名句共赏

子曰："君子泰而不骄，小人骄而不泰。"

【他人评析】由于君子和小人内在的心灵、思想和修养不同，诚于中，形于外，自然他们表现于外的风格也不相同。君子秉持公道，心无偏私，故能安然坦荡；君子卑以自牧，故为人心平气和，不骄矜傲慢。小人虽然志得意满、心高气盛，却对自我并无充分的认知和肯定，故很难做到平和坦荡。

【我的评析】_____

_____

_____

明理思辨

子曰："刚、毅、木、讷近仁。"你是否同意这个观点？为什么？

_____

_____

文化传承与理解

成语经典

请指出下列各句中的成语，并解释其含义。

1. 子曰："名不正，则言不顺；言不顺，则事不成；事不成，则礼乐不兴；礼乐不兴，则刑罚不中；刑罚不中，则民无所措手足。"

　　成语：_____含义：_____

　　成语：_____含义：_____

2. 曰："言必信，行必果，硁硁然小人哉！"

　　成语：_____含义：_____

3. 子曰："无欲速，无见小利。欲速则不达，见小利则大事不成。"

　　成语：_____含义：_____

4. 子曰："刚、毅、木、讷近仁。"

　　成语：_____含义：_____

读"语"知理

玩精华之物，存鲲鹏之志
刘洋宏

雄鹰击空，志在高远，戏朝暮飞翔之趣，览乾坤于九天之上；骄马行风，志在千里，玩日月奔走之乐，驰疾于纵横之间；然细厘蚯蚓，志于浅地，好翻地之事，而无其所成也。故志大，玩物养志，志小，玩物丧志，且物之不同，结果亦谬以千里。

玩物养志，其物需有所价值。墨染池黑，书圣王羲之好习笔练书，玩笔墨纸砚于几十载，得矫若游龙、飘若惊鸿之行书《兰亭集序》；博古通今，文博大家王世襄好民俗文学，玩书画漆器于几旬光阴，得"京城第一玩家"之称号；研碑拓文，金石学家赵明诚，好古之遗物，玩古董碑文于多年之间，得《金石录》之大成。如此见来，所玩之物必有其价值，倘若本为糟粕，朽木又何可雕乎？前人之成功因其则以正确之所好，玩以精华物之物，故知欲于所好上养志，需择以所值之物。

玩物养志，其玩需有所深度。"两弹一星"功勋科学家之钱学森好玩纸飞镖，但不拘于表面，究其原理，研究思考，为物理力学做出卓越贡献；德国哲学家歌德好旅游世间，但不止于览大好风景，格物致知，思如泉涌，成文坛大家；发明家爱迪生好玩千百实验，但不止于所得发明，改良换材，试用千次，才得以灯泡照夜如昼。昙花现之，蓄之一年，以喷薄而发；沙鹰翔之，习练千次，以游击长空。如此见来，是谓玩者，实则为研究，须对所好之物所做之事，千锤百炼，深入钻研，才会得养志之效果。

玩物养志，是否养志，取决于志向的大小和其所在。宋徽宗赵佶沉迷艺术，以皇权发扬绘画，其志不在治国，败之以靖康雪耻；明熹宗朱由校痴玩漆器，习木工而不理朝政，其志不在理政，祸之以明朝风雨飘摇。二者失败，是其志不在所做之事，以个人之所好而小志夺大志也。然成功者，如山水诗人谢灵运，游山玩水，但志向于诗词，未因玩乐而丧志，而成田园诗之佳作，其人成功，是因在玩乐之中志向远大且从未失其志，故玩物养志需要志存高远且长久不散。

反观当今社会，霓虹闪烁，物欲横流，物质上的丰富反而使人精神空虚，玩物丧志之事多矣，学生沉迷手机游戏，丧志神空，官场戚戚于贫贱而汲汲于富贵……是因其玩和所好之物不当，志止于眼前，而产生此景矣。

"气也者，虚而待物者也。"山水清浮，有人行旅创佳词；草木花卉，有人览观造奇画。"玩物丧志，其志小，志大者，玩物养志"。玩物得志，事在人为，君子役物，小人役于物，行于时代潮流的我们，还需择以精华之物，立鸿雁之志，奔于历史，书写人生辉煌一笔！

【点评】本文层次分明，抓住"玩物"与"养志"的关系，从"玩何物""怎样玩""玩的动机"三个角度加以论述，并对"玩物丧志"进行批驳，具有辩证思维。最后回到现实，具有现实针对性。论据丰富，论证方式多样，论证有说服力。语言凝练，整散结合。

君子不为玩物使
陈薪旭

项鸿祚曾说："不为无益之事，何以遣有涯之生。"洵不虚言，抛弃功利之心，分清主次，不溺于所爱的"物"，以"物"长志，"玩物"也可养志。当代青年应以"玩物"为墨，以"志存高远"为毫，书就人生华章。

玩有益之物，以"玩物"充当生活调剂，为我们"养志"的过程提供停靠站。

汪曾祺在《彩云聚散》中写道："人间有许多事情很有意思。有时候一个人坐着想一想，会扑哧笑出声来，把这样的故事说出来或写下来便觉得很幽默。"汪曾祺善于从微小处着笔，从"家人闲坐，灯火可亲"的平淡中品嚼生活情趣；在音乐厅静静聆听一曲巴赫，看似毫无意义，却能让我们疲倦的身心得到纾解；袁隆平院士在"喜看稻菽千重浪"的过程中，拉琴消遣细碎时光，让枯燥的科研生活多了一丝诗意。在工具思维盛行、效率至上的时代里，我们有时可以停下匆匆步履，用"玩物"来脱去凡尘俗世的束缚，体察生命中更多本真的美好。有人说："功利主义的人生就像一把没有刀鞘的刀子，锋利但是不好看。"试想，如果我们的人生只用这把刀子切菜，那将是多么让人难以释怀的悲哀！所以适当"玩物"，玩有益之物，可以让我们在"养志"的过程中获得灵魂栖息和精神寄托。

玩有趣之物，以"玩物"作为生活指南，为我们"养志"的过程提供方向坐标。

孔子说："知之者不如好之者，好之者不如乐之者。""玩物"所在，往往是兴趣之所在。兴趣是引领人学习最好的老师，而多少成功的人是从"玩物"这个兴趣点找到自己的人生发展方向的？《昆虫记》作者法布尔，一生与昆虫为友，开始时，世人皆批判他玩物丧志，但法布尔在"玩物"中探索生命世界的真面目，发现自然界蕴含着的科学真理，最终为人类做出了独特的贡献。一代建筑才女林徽因对中国建筑痴迷热爱，但当时的宾夕法尼亚大学建筑系并没有招收女学生的传统，人们都将她的喜爱视为爱好，但林徽因并没有因为宾大的成规而就此却步，最终打破了传统，将热爱变成了事业，用玩物滋养出志向。殷视当下，"斜杠青年"一词进入大众视野，他们是一群爱好广泛，涉猎众多的新青年，他们从众多"玩物"中找到自己最终的事业。所以，在"玩物"中发现自己，找到自己人生发展方向，将有意思寓于有意义、有价值，谁又能说他们玩物丧志了呢？

心不清则无以立道，志不成则无以立功，"玩物"能否养志，关键是看你是否志存高远，是否志向坚定。须知爱好就是爱好，爱好不能大于自己的专业追求，不沉湎于所爱的人或者事物，努力探索"玩物"背后的价值，从而以"物"滋养志向。

无执滞心，才是通方士；无空乏气，方为本色人。君子不应被"玩物"支配，而应以"玩物"养志，最终沿云栈小径渺然而上，抵达佩阿索口中"海角与尖峰构成的世界"。

【点评】这篇议论文观点鲜明，结构清晰，从"玩什么""怎么玩"方面，阐述了"玩物"与"志"的关系，对"玩物养志"的"物"进行了限定，立意准确，认识问题深刻，文章闪烁着逻辑的光芒。同时，作者能旁征博引，论据充足，使文章有充实之美。

顺社会之趋势，守自身之净土

赵奕辰

这是最好的时代，也是最坏的时代。在生活中，我们无不被时代滚滚洪流席卷；在内心中，我们无不想成为自己想要成为的人。但在我看来，二者并不冲突对立，而是可以相辅相成，相得益彰，共同促成健全向上的新时代青年。

顺社会之趋势，成时代之中流砥柱。

毛主席曾说："数风流人物，还看今朝。"如今是社会的舞台，要想成就一番伟业，就要敢于站在顺应时代需求的风口浪尖。十九世纪以来，美国车库文化应运而生，无数有志青年，乔布斯、扎克伯格、比尔·盖茨、阿尔特曼，他们选择做符合社会和他人期望的自己，顺应了时代潮流，在自己的领域里绽放光彩，成为一个个响当当的人物。反观长虹公司，不符合社会需求，也没有达到民众的期望，最终在商业竞争中如同大浪淘沙一般被淘汰，直至没落。由此观之，唯有符社会之需求，达他人之期望，才能在这场风云变幻的挑战中拔得头筹，屹立于社会人才之林。

守自身之境土，为理想肝肺皆冰雪。

日本学者上野千鹤子曾说："请一定要对自己保持诚实，过那种自己满意、认可的人生。"君不见，屈原之坚贞，为政治理想拼搏一生；君不见，谷爱凌虽已是奥运冠军，仍选择自己所爱的物理专业，保持初心；君不见，列夫·托尔斯泰终其一生奋斗在自己热爱的事业，为广大劳苦人民呐喊——这是我们应具备的——对精神世界丰盈的追求。《儒藏》主编汤一介先生鞠躬尽瘁，奉献在自己所爱的岗位上，他说："我这一生没有什么可遗憾的了"。这便是对"守自身之净土"的最好写照，无数仁人志士用行动告诉我们，理想主义永不褪色，"成为自己所盼望的样子"将永远是我们不可或缺的追求。

顺社会不是将内心理想全盘抛弃，守自身也不是故步自封，被社会淘汰，二者可兼得也。我们身逢其时、肩负重任，当顺时代之发展，与时俱进，同时不忘本心，坚持热爱，无怨无悔。唯此，才能成为时代之中流砥柱；唯此，才能让此生无遗恨；唯此，才能看见一束束浅绛的花盛放在深黛的原野上；唯此，才能盼祖国青山历历，世界海晏河清。

而那些泛舟时代洪流，为理想肝肺皆冰雪的日子，将塑造我们，锤炼我们，融入我们，最终成为我们。

顺社会之趋势，肩负重任。

守内心之净土，无怨无悔。

两者相形以生，此乃时代的最优解。

请你来点评：_____

_____

_____

_____

（本课编写人：王巧杨）

单元学习任务

1. 子曰："忠告而善道之，不可则止，毋自辱焉。"曾子曰："君子以文会友，以友辅仁。"对于古人的"交友"原则，你是如何理解的？在你看来，"交友"有何标准？请写下你的感悟和思考，同学之间相互交流。

2.《论语》中蕴含了许多人生智慧，其内容涉及社会生活的方方面面。请从"谨言笃行""恭顺待人""仁者爱人""正身劳事"中任选一个主题，随后围绕这一主题在本单元中找出相应的内容，并深入理解。把自己的思考写下来，与同学讨论。

3. 请从下面的写作任务中任选一项完成。

（1）子曰："知者不惑，仁者不忧，勇者不惧。"在孔子看来，君子修养的人格应具备智慧、仁德、勇武三个方面的内容。具体而言，"知""仁""勇"三者有何关联？请联系现实，写一篇不少于800字的议论文，谈谈你的感悟和思考。

（2）子曰："君子和而不同，小人同而不和。"无论是在为人处世，还是在立国安邦方面，孔子"和而不同"的智慧都熠熠生辉。请以"和而不同"为主题，联系现实，展开讨论，写一篇不少于800字的班会发言稿。

4. 在特定的语言环境中，一个词临时改变了它的语法功能，就具备了另一类词的语法特点，这类现象叫作词类活用。古代汉语中的词类活用非常普遍，主要包括名词、形容词、数词用作一般动词，名词作状语，使动用法和意动用法等。如"车中不内顾，不疾言，不亲指"中的"内"，名词作状语，译为"向内"。请认真阅读本单元文段，找出各句中的词类活用情况，并总结规律。

表1

	类型	示例（解释加点的字）
词类活用	名词作状语	车中不内顾，不疾言，不亲指。 内：向内
	名词作动词	子曰："非礼勿视，非礼勿听，非礼勿言，非礼勿动。" 礼：合乎礼节
	形容词的使动用法	子曰："苟正其身矣，于从政乎何有？不能正其身，如正人何？" 正：使……正

（**本课编写人：邹攀**）

第四单元

知其不可而为之

知其不可而为之

❶ 子路宿于石门①。晨门②曰："奚自？"子路曰："自孔氏。"曰："是知其不可而为之者与？"

❷ 子曰："贫而无怨难，富而无骄易。"

❸ 子曰："其言之不怍③，则为之也难。"

❹ 子曰："古之学者为己，今之学者为人。"

❺ 子曰："君子耻其言而过其行。"

❻ 子曰："士而怀居④，不足以为士矣。"

❼ 子曰："不患人之不己知，患其不能也。"

❽ 子曰："莫我知也夫！"子贡曰："何为其莫知子也？"子曰："不怨天，不尤⑤人，下学而上达⑥。知我者其天乎！"

① ［石门］地名。鲁国都城的外门。

② ［晨门］早上看守城门的人。

③ ［怍］（音zuò），惭愧的意思。

④ ［怀居］怀，思念、留恋。居，家居。指留恋家居的安逸生活。

⑤ ［尤］责怪、怨恨。

⑥ ［下学上达］下学学人事，上达达天命。

语言建构与运用

句读分明

请给下面一段话加上标点符号。（限4处）

子曰有德者必有言有言者不必有德仁者必有勇勇者不必有仁。

字字落实

请将下列语句翻译成现代汉语。

子路问成人①。子曰："若臧武仲②之知，公绰之不欲，卞庄子③之勇，冉求之艺，文之以礼乐，亦可以为成人矣。"曰："今之成人者何必然？见利思义，见危授命，久要④不忘平生之言，亦可以为成人矣。"

【注释】①成人：人格完备的完人。②臧武仲：鲁国大夫臧孙纥。③卞庄子：鲁国的勇士。④久要：长久处于穷困中。

_____

_____

参考译文

① 子路夜里住在石门，看门的人问："从哪里来？"子路说："从孔子那里来。"看门的人说："是那个明知做不到却还要去做的人吗？"

② 孔子说："贫穷而能够没有怨恨是很难做到的，富裕而不骄傲是容易做到的。"

③ 孔子说："说话如果大言不惭，那么实现这些话就很困难了。"

④ 孔子说："古代的人学习是为了提高自己，而现在的人学习是为了给别人看。"

⑤ 孔子说："君子认为说得多而做得少是可耻的。"

⑥ 孔子说："士如果留恋家庭的安逸生活，就不配做士了。"

⑦孔子说："不忧虑别人不知道自己，只担心自己没有本事。"

⑧孔子说："没有人了解我啊！"子贡说："怎么能说没有人了解您呢？"孔子说："我不埋怨天，也不责备人，下学礼乐而上达天命，了解我的只有天吧！"

思维发展与品质

合作探究

在阅读本课时，你有哪些疑惑不解之处？请列出来，并与小组同伴探究。

疑惑1：＿＿＿＿＿＿＿＿＿＿＿＿＿＿＿＿＿＿＿＿＿＿＿

＿＿＿＿＿＿＿＿＿＿＿＿＿＿＿＿＿＿＿＿＿＿＿＿＿＿＿

疑惑2：＿＿＿＿＿＿＿＿＿＿＿＿＿＿＿＿＿＿＿＿＿＿＿

＿＿＿＿＿＿＿＿＿＿＿＿＿＿＿＿＿＿＿＿＿＿＿＿＿＿＿

探究结果：＿＿＿＿＿＿＿＿＿＿＿＿＿＿＿＿＿＿＿＿＿＿

＿＿＿＿＿＿＿＿＿＿＿＿＿＿＿＿＿＿＿＿＿＿＿＿＿＿＿

归纳总结

在本课选文之中，孔子谈到了哪些话题？每个话题下有些什么观点？请按话题为选文分类，并用自己的话概括每个话题下的观点。

格式举例：

话题1：……观点：………………＿＿＿＿＿＿＿＿＿＿＿

＿＿＿＿＿＿＿＿＿＿＿＿＿＿＿＿＿＿＿＿＿＿＿＿＿＿＿

＿＿＿＿＿＿＿＿＿＿＿＿＿＿＿＿＿＿＿＿＿＿＿＿＿＿＿

审美鉴赏与创造

名句共赏

子路宿于石门。晨门曰："奚自？"子路曰："自孔氏。"曰："是知其不可而为之者与？"

【他人评析】"知其不可而为之"，这是做人的大道理。人要有一点儿锲而不舍的追求精神，许多事情都是经过艰苦努力和奋斗而得来的。孔子"知其不可而为之"，反映出他孜孜不倦的执着精神。从这位看门人的话中，我们也可以看出当时普通人对孔子的评价。

【我的评析】_____

_____

_____

明理思辨

或曰："以德报怨，何如？"子曰："何以报德？以直报怨，以德报德。"

【译文】有人说："用恩德来报答怨恨，怎么样？"孔子说："用什么来报答恩德呢？应该是用正直来报答怨恨，用恩德来报答恩德。"

_____

_____

_____

文化传承与理解

成语经典

请指出下列各句中的成语，并解释其含义。

1. 子曰："邦有道，危言危行；邦无道，危行言孙。"

    成语：_____ 含义：_____

2. 子曰："其言之不怍，则为之也难。"

    成语：_____ 含义：_____

3. 子曰："不在其位，不谋其政。"曾子曰："君子思不出其位。"

    成语：_____ 含义：_____

4. 或曰："以德报怨，何如？"子曰："何以报德？以直报怨，以德报德。"

    成语：_____ 含义：_____

    成语：_____ 含义：_____

    成语：_____ 含义：_____

5. 子曰："莫我知也夫！"子贡曰："何为其莫知子也？"子曰："不怨天，不尤人，下学而上达。知我者其天乎！"

    成语：_____ 含义：_____

    成语：_____ 含义：_____

    成语：_____ 含义：_____

读 "语" 知理

玩物以养志，扬帆正当时

何圣怡

噫吁嚱！物欲纵横也！喧嚣尽处，狂热满溢，卜昼卜夜、无志丧志者多矣，不禁令观者落泪，闻者伤心。何以青襟怀壮志？何以玩物助长志？当为吾辈青年所慎思之要题也。

一则曰：玩物有向，力养志。

东篱下的菊是物，王小波的信鸽是物，翡冷翠的夜是物，满地的六便士是物，烟酒之欲亦是物。世界纷杂迷人眼，灯红酒绿之中多少魑魅魍魉？择玩物之正道，方才行养志之正途。君可见李易安乱世犹告勇，南渡护金石，毕生倾付《金石录》；君可见林和靖以梅为妻，以鹤为子，终生一曲逍遥游；君可见王传福心系于电池，向下扎根去，领跑新能源汽车领域……然李煜爱词，颂了千古一绝，却是"林花谢了春红，太匆匆"；徽宗喜字，创了瘦金一体，却是山河破碎、金兵一路烽火。何也？是其所玩之物与其身之责相悖也。玩乃人类之天性，但只有玩正确之物，方才有志向成长、春光破尘网。

二则曰：玩物有境，争得志。

狭者玩物，囿于表面；广者玩物，潜心钻研，锐意创新，臻于化境，瞩未来而行。香港媒体工作者陈贝儿玩的物就是她的镜头，她将更多的目光聚焦于社会现实层面，向世界传递中华同胞的笑容，"江海意无穷"，便从《无穷之路》走进共同中国。而"天宫"遨游、"北斗"寰宇、"祝融"探火、"嫦娥"揽月，背后都是中国航天人一步步由玩物至深入研究的无止境，是燃尽年华、守正创新的奋勉进取。岁月更替，华章日新，青年当以孜孜之态深耕玩物沃土，研精覃思，行远自迩，以物得志。

三则曰：玩物有度，警丧志。

烛照当下，这是一个娱乐大肆盛行的时代，我们每个人都会筑起一座自己的物之阁楼。奥威尔担心我们会被所憎恶的东西毁掉，赫胥黎则担心我们终将会毁于所热爱的东西。而《荀子》中有言："君子役物，小人役于物。"玩物丧志与否的本质是个体的节制能力与调控能力的差异，在人而不在物。伴随着社会消费异化、短视频上瘾、骄奢淫逸之风、学生沉迷网络游戏等现象层出不穷，玩物丧志更多的是应该成为我们的警示：坚守本心不变，把控玩物之度，秉持心中秤杆，使玩物不束凌云志，助力发展创新功。

百年芳华铸就千秋伟业，铿锵步伐再启复兴征程，青年一代要以玩物为始，以实干为要，以我之力，追我所望，亦追家国之志、时代之声。

"渐月华收练，晨霜耿耿；云山搞锦，朝露漙漙。"乘风接力，道阻且长，我们当玩正确之物，扎热爱之土，立鸿鹄之志，展骐骥之跃，行浩渺未来，吾辈正葳蕤！

【点评】文章结构清晰，层次分明，开篇联系现实，提出问题，引人思考；再从"玩物有向""玩物有境""玩物有度"三个角度展开论述；最后再联系现实，对当代青年提出呼吁"玩正确之物，扎热爱之土，立鸿鹄之志，展骐骥之跃，行浩渺未来"，收束有力，具有现实意义。文章善于运用多种论证方法，选材丰富，纵横古今，详略得当，正反对照，展现出深厚的文学素养。

请你来点评：＿＿＿＿＿＿＿＿＿＿＿＿＿＿＿＿＿
＿＿＿＿＿＿＿＿＿＿＿＿＿＿＿＿＿＿＿＿＿＿＿＿
＿＿＿＿＿＿＿＿＿＿＿＿＿＿＿＿＿＿＿＿＿＿＿＿
＿＿＿＿＿＿＿＿＿＿＿＿＿＿＿＿＿＿＿＿＿＿＿＿

玩物，亦可养志
何芙蓉

画家木心说："玩物丧志，其志小，志大者玩物养志。"在当今时代，我们需"玩物"以自我激励，更需于"玩物"中笃行不怠，合理平衡"玩"的一个度。不应因玩物荒废学业，迷失方向，而应立"玩物养志"之原则，扬帆斩棘，立马昆仑。

"玩物"是充盈内心、丰盈自我的重要途径。"玩物"对于个人来讲，不仅仅是一时兴起，更是兀兀穷年中的精神支柱。伟大文人苏轼，虽几经贬谪，被朝廷厌弃，但从未放弃自己对国家的殷殷爱国之志、拳拳报国之情。这正是因为苏轼从写诗、题字、研究美食等众多"玩物"中汲取乐趣，让受创的心得到暂时的抚慰，从而走出政治失意的困囿，点燃虽处江湖之远仍心忧国家的不灭心火。所以，在明确人生理想的前提下，如逢失意之时，"玩物"可起到令人"养志"的作用。

于"玩物"中养志，于养志中奔向人生高梯。如果我们能坚守自己的大志，于"玩物"中笃行不怠，那我们就能够不忘人生目标，于九层之台更造新云梯。君可见，植物学家钟扬，犹喜高山流水，蝉鸣花香，于海拔三千多米的高地采集植物标本，把论文写满高原，终达自我目标之顶峰；君可见，雷殿生"纵有疾风起，人生不言弃"，早年多病，但凭一腔热爱，十年徒步中国，实现自己的人生理想，为多人所景仰。于人生来讲，"玩物"是必要的，"玩物"使我们满怀热忱，拥抱美好。享誉中外的文物鉴赏家王世襄总结自己时说："我这辈子没干别的，净玩了。"如此，他才能在体味人生乐趣后写出《蜂谱集成》。由此可见，于"玩物"中追逐梦想，也能玩物养志，实现人生的价值追求。

当然，如果以"玩物"为全部，有人就会因此"丧志"，韩愈《进学解》中"业精于勤，荒于嬉"说的就是这个道理。在学习工作中，"玩物"可以支撑我们走好接下来的路，可是，若这个限度把握不好，很可能连人生理想都会丧失。人都是有欲望的，生活中各种各样的诱惑也是巨大的。纷繁复杂的世界中，谁能保证心中那杯春醪永保醇香呢？所以，我们应树立远大的志向，牢牢地钉住自己的志向，控制玩物的限度，以"玩物"养志，而不被"玩物"所左右。

"且将新火试新茶，诗酒趁年华。"驻足华夏新时代，吾辈青年应当在大好年华中奔赴热爱，拥抱山海，更应在"玩物"中坚守志向，使"玩物"为"养志"提供养分。让我们择高雅之物，养远大之志，培育出自己的理想之花。

【点评】文章题目亮明观点，开篇立足材料，照应标题，点出中心论点。接下来提出"玩物"是丰盈自我的途径与"于养志中奔向人生高梯"，广泛举例，分析深刻。再反面论证，说理清晰，文章体现出严谨性与思辨性。最后以苏轼词作结，语言典雅，增添文章文化底蕴，首尾呼应，结构完整。

请你来点评：_____

_____

_____

从《人类群星闪耀时》读英雄

陈礼嘉

第一次踏入高中的校门，掠过巍然耸立的楼宇、来往的陌生的面孔，我迎面看到了自己茫然的未来。但是我的书包沉甸甸的。我特地带上，也只带上了这本《人类群星闪耀时》，希望自己在青春的迷惘里挣扎的时候，看一段书，也许不会沉湎于悲伤。

就是怀着这样的想法，我读完了这本书。把个人渺小的痛苦放在历史的波澜里，内心便会莫名生出一种神秘的使命感。青春的滋味，谁没有过？青春的迷惘，谁没有过？比起劳苦大众生活的沉重，比起人类命运的兴衰，我真的该好好承受这份痛苦。

一个英雄是为痛苦而生，也是为悲剧而死的。人类群星的闪耀并不总是成功的光芒。

随便一想，古罗马的西塞罗一生都在为罗马帝国的自由民主奋斗，最后不也是被政客刺死了吗？那座演讲台，西塞罗发表过抨击专制主义的人文主义式的演讲台，钉上了他自己的头颅。这是英雄的下场，是伟大的代价。正是西塞罗带有讽刺性的悲剧，他的人格更加高大了。假如他活下来，执政当权，他的人文思想必然会被政治光芒给掩盖。的确是这样的，只有悲剧和痛苦，才能筛选出英雄啊！一个养尊处优的享乐派，哪里有机会施展人性的光芒？一个和平麻木的时代，哪里会冲出英雄用死亡捍卫理想？想到这里，什么司马迁、海伦·凯勒、史铁生全部涌出来了。我知道，这些"残疾人"是只要一提名字就会让作文阅卷老师厌烦的。可是他们是真英雄，是苦难之子。英雄也不应该被应试教育给扼杀！

没有哪一个英雄，一天24小时都在当英雄。他也是一个对人生束手无策的凡夫。

有人说，每个人的青春都会品尝失恋的滋味。但是青年会，垂垂暮老之时也会。当耄耋之年的歌德爱上了十九岁的少女时，他被追求少女的反复无常弄得大病一场。想一想真有意思。英雄与凡夫俗子并无两样，都得沦为命运的阶下囚，显得无能为力。我们的烦恼，其实早在千百年前重复上演无数次了。但英雄何以成为英雄？在他们的世俗之石、欲望之石和苦难之石里，艰难地绽放出生命之花。歌德在那以后谱写出壮丽的《浮士德》，在凡人的肉体里闪耀出人性的光耀，哪怕极其短暂，也足以把宇宙都引爆！没有一个人一生都在当英雄，但总有一个瞬间他们会化身成永恒的英雄，让历史都黯然失色。

英雄的死亡常常是壮丽而且让人回味的。可是英雄的价值，不需要壮烈的死亡来佐证。

纵观全书，我最喜爱的篇目是《争夺南极》。斯科特一行人的死，是标准的英雄的死。自然环境险象丛生，面对危机临危不乱、视死如归，最后为人类光荣的事业献身。多么有英雄气概、堪称"模范"的死法！夜间每每一读，语语惊人，字字闪光，小小心灵彻底被这宏伟绝伦的悲剧震慑得颤抖，灵魂飞升，仿佛从宇宙俯瞰渺小的人类社会。

相形之下，托尔斯泰的死显的朴素甚至寒酸。革命青年怒斥他的软弱，当局恐惧他的声望，妻子不理解他自耕自足的生活。他背负良心的伤痛离家出走，最后死在了火车站里。声名赫赫的文豪，名门的贵族，悄无声息地离世。无人理解他出于人道主义和乌托邦理想的死，无人看透他深邃的理想。真是孤独的死亡啊。

的确，称颂斯科特的死的文字，远远多于托尔斯泰。人们似乎把这大文豪的死忘记了。似乎死得不够"高级"，个人的理想也会蒙羞似的。这是多么愚蠢啊！英雄的死，是外界条件和个人意志共同作用的结果。死亡是为理想献身的形式，这种外在的形式却不能决定内在的精神内涵和人性之美。英雄的价值，永远都不需要死亡来衬托。他们存在的意义，都拿给后人见证吧！

说到死亡，我又忆起了我的爷爷。他是那年三月份走的，走的时候沉浸在昏睡里，并不能敏感地体察到身体和心灵的痛苦。爷爷不是一个完美的人。毕业于华东师范大学，到厂里身居要职，年轻时嗜好抽烟和赌博。幸而他是个顾家的男人，心里总有一处属于家人的柔软，生活过得并不难堪。死前几个月，他强忍着病痛的咬噬，对肉体的折磨缄口不言。他不愿奶奶在床边服侍他，也不想再多花家里的一分钱。他觉得这辈子不枉来人间走一遭。"这辈子，我可把你们折腾够了。"

爷爷的死比起这些大人物不值一提，如同一粒沙子被历史的飓风裹挟着走，再不见了影。但是茨威格在序言里说，书里的人物都是"由于特定的时机，人性的美充分展现"。这样看来，爷爷也是一颗伟大的星，也是一个英雄。其实，每一个苦苦耕耘生活，每一个和命运展开血腥搏斗的人，都是人间平凡而伟大的英雄。

以上，就是我从这本书对"英雄"的见地。人生很短暂，转瞬即逝。我要努力读更多的书，学更多的知识，走更长的路，尽自己所能，把苦短的一生活成英雄的一生。就算我注定只是一个造化有限的凡人，我也还是要当一个"属于我人生的英雄"！

请你来点评：＿＿＿＿＿＿＿＿＿＿＿＿＿＿＿＿＿＿＿

＿＿＿＿＿＿＿＿＿＿＿＿＿＿＿＿＿＿＿＿＿＿＿＿＿＿＿

＿＿＿＿＿＿＿＿＿＿＿＿＿＿＿＿＿＿＿＿＿＿＿＿＿＿＿

＿＿＿＿＿＿＿＿＿＿＿＿＿＿＿＿＿＿＿＿＿＿＿＿＿＿＿

（本课编写人：徐钶）

闻过则改

❶ 子曰："过而不改，是谓过矣。"

❷ 子曰："可与言而不与之言，失人；不可与言而与之言，失言。知者不失人，亦不失言。"

❸ 子曰："躬自厚而薄责于人，则远怨矣。"

❹ 子曰："君子求诸己，小人求诸人。"

❺ 子贡问曰："有一言而可以终身行之者乎？"子曰："其恕乎！己所不欲，勿施于人。"

❻ 子曰："赐也，女以予为多学而识之者与？"对曰："然，非与？"曰："非也，予一以贯之。"

❼ 子曰："吾尝终日不食，终夜不寝，以思，无益，不如学也。"

❽ 子曰："君子谋道不谋食。耕也，馁①在其中矣；学也，禄②在其中矣。君子忧道不忧贫。"

①［馁］（音něi），饥饿。
②［禄］做官的俸禄。

语言建构与运用

句读分明

请给下面一段话加上标点符号。（限6处）

子曰不曰如之何如之何者吾末如之何也已矣。

字字落实

请将下列语句翻译成现代汉语。

子曰："君子病无能焉，不病人之不己知也。"

_____

_____

参考译文

①孔子说："有了过错而不改正，这才真叫错了。"

②孔子说："可以同他谈的话，却不同他谈，这就是失掉了朋友；不可以同他谈的话，却同他谈，这就是说错了话。有智慧的人既不失去朋友，又不说错话。"

③孔子说："多责备自己而少责备别人，那就可以避免别人的怨恨了。"

④孔子说："君子求之于自己，小人求之于别人。"

⑤子贡问孔子道："有没有一个字可以终身奉行的呢？"孔子回答说："那就是恕吧！自己不愿意的，不要强加给别人。"

⑥孔子说："赐啊！你以为我是学习得多了才——记住的吗？"子贡答道："是啊，难道不是这样吗？"孔子说："不是的。我是用一个根本的东西把它们贯彻始终的。"

⑦孔子说："我曾经整天不吃饭，彻夜不睡觉，去左思右想，结果没有什么好处，还不如去学习为好。"

⑧ 孔子说："君子只谋求道，不谋求衣食。耕田，也常要饿肚子；学习，可以得到俸禄。君子只担心道不能行，不担心贫穷。"

思维发展与品质

合作探究

在阅读本课时，你有哪些疑惑不解之处？请列出来，并与小组同伴探究。

疑惑1：＿＿＿＿＿＿＿＿＿＿＿＿＿＿＿＿＿＿＿＿＿＿＿＿＿＿＿＿＿

＿＿＿＿＿＿＿＿＿＿＿＿＿＿＿＿＿＿＿＿＿＿＿＿＿＿＿＿＿＿＿＿＿

疑惑2：＿＿＿＿＿＿＿＿＿＿＿＿＿＿＿＿＿＿＿＿＿＿＿＿＿＿＿＿＿

＿＿＿＿＿＿＿＿＿＿＿＿＿＿＿＿＿＿＿＿＿＿＿＿＿＿＿＿＿＿＿＿＿

探究结果：＿＿＿＿＿＿＿＿＿＿＿＿＿＿＿＿＿＿＿＿＿＿＿＿＿＿＿＿

＿＿＿＿＿＿＿＿＿＿＿＿＿＿＿＿＿＿＿＿＿＿＿＿＿＿＿＿＿＿＿＿＿

归纳总结

在本课选文之中，孔子谈到了哪些话题？每个话题下有些什么观点？请按话题为选文分类，并用自己的话概括每个话题下的观点。

格式举例：

话题1：……观点：………………＿＿＿＿＿＿＿＿＿＿＿＿＿＿＿＿＿

＿＿＿＿＿＿＿＿＿＿＿＿＿＿＿＿＿＿＿＿＿＿＿＿＿＿＿＿＿＿＿＿＿

＿＿＿＿＿＿＿＿＿＿＿＿＿＿＿＿＿＿＿＿＿＿＿＿＿＿＿＿＿＿＿＿＿

＿＿＿＿＿＿＿＿＿＿＿＿＿＿＿＿＿＿＿＿＿＿＿＿＿＿＿＿＿＿＿＿＿

审美鉴赏与创造

名句共赏

子贡问曰："有一言而可以终身行之者乎？"子曰："其恕乎！己所不欲，勿施于人。"

【他人评析】"忠恕之道"可以说是孔子的发明。这个发明对后人影响很大。孔子把"忠恕之道"看成是处理人际关系的一条准则，这也是儒家伦理的一个特色。这样，可以消除别人对自己的怨恨，缓和人际关系，安定当时的社会秩序。

【我的评析】＿＿＿＿＿＿＿＿＿＿＿＿＿＿＿＿＿＿＿

＿＿＿＿＿＿＿＿＿＿＿＿＿＿＿＿＿＿＿＿＿＿＿＿＿＿

明理思辨

子曰："人无远虑，必有近忧。"对此你有怎样的认识？

【译文】孔子说："人没有长远的考虑，一定会有眼前的忧患。"

＿＿＿＿＿＿＿＿＿＿＿＿＿＿＿＿＿＿＿＿＿＿＿＿＿＿

＿＿＿＿＿＿＿＿＿＿＿＿＿＿＿＿＿＿＿＿＿＿＿＿＿＿

文化传承与理解

成语经典

请指出下列各句中的成语，并解释其含义。

1. 在陈绝粮，从者病，莫能兴。子路愠见曰："君子亦有穷乎？"子曰：

"君子固穷，小人穷斯滥矣。"

　　成语：_____含义：_____

　　2. 子曰："志士仁人，无求生以害仁，有杀身以成仁。"

　　成语：_____含义：_____

　　成语：_____含义：_____

　　3. 子贡问为仁。子曰："工欲善其事，必先利其器。居是邦也，事其大夫之贤者，友其士之仁者。"

　　成语：_____含义：_____

　　4. 子曰："群居终日，言不及义，好行小慧，难矣哉！"

　　成语：_____含义：_____

　　5. 子曰："君子不以言举人，不以人废言。"

　　成语：_____含义：_____

　　6. 子曰："当仁，不让于师。"

　　成语：_____含义：_____

　　7. 子曰："有教无类。"

　　成语：_____含义：_____

读"语"知理

于苦中磨砺，于乐中慎独

蒋柠嫣

习近平总书记曾用"青春由磨砺而出彩"激励广大青年在苦境中艰苦奋斗，而杨绛说："无论人生上到哪一层台阶，阶下有人在仰望你，阶上亦有人在俯视你，你抬头自卑，低头自得，唯有平视，才能看见最真实的自己。"人生应当于苦中磨砺，于乐中慎独，自信从容，谱写人生华章。

在苦境中做苦事，用苦心，费苦劲，磨砺自我，成就自我。古有勾践卧薪尝胆，终能"苦心人，天不负，百二秦关终属楚，三千越甲可吞吴"。现有青年学者钟杨在青藏高原寒冷艰苦环境下潜心研究，最终丰富了高原种子库。他们用行动证明了"无惵惵之事者，无赫赫之功"，他们面对苦境不恐惧，不退缩，反而愈挫愈勇，一鸣惊人，用汗水浇灌成功之花。这就是苦境的真正意义所在，亦是对待苦境的正确态度。

在乐境中戒骄戒躁，小心谨慎，平视自我，稳步致远。著名作家莫言在获诺贝尔文学奖后并未自傲自满，而是继续投身默默无闻的写作中。他的获奖感言不是夸耀自己，而是感恩家人在他来时路上的支持，并表示自己会继续"讲好故事"。这般谦虚、从容的心态使他在写作领域一次又一次成功。曾有两个和尚在雪地中赶路，他们白天出发，赶在天黑前翻过了山顶，下山之路看似平缓且易行。看着来时雪地中依旧清晰的脚印，小和尚认为雪停了，便愉快地小跑下山。但老和尚抓住他，说道："缓行，看脚下。"原来这看似平缓的山路上有数不尽的碎石块，若是以下山路为"乐境"而忽视看路，定会功亏一篑，遗憾而终。"缓行，看脚下"这种平常心，正是身处乐境中所需的慎独之心。

苦境与乐境都是人生旅途必经之站，都是对人生的考验。如果不经历苦境，就如古时的仲永，儿时天赋异禀，才思敏捷，出口成章，受人称赞。他沉浸于乐境之中，荒废练习，最终"泯然众人矣"。如果不经历乐境，就不能深切体会奋斗的回馈。正如登上山顶会有美景回馈，乐境化每滴汗水为未来美好的奠基，乐境清晰勾勒出时序轮替中奋斗者的步伐。

于苦中磨砺，于乐中慎独。苦与乐的交织，铸就我们"敢教日月换新天"的气魄，坚定我们"越是艰险越向前"的意志，坚韧我们"千磨万击还坚劲"的毅力，也练就了我们"也无风雨也无晴"的从容。

请你来点评：_____

_____

_____

_____

为小丘创不凡

龙晓灿

仰望历史长空，江山辈有才人出；跨越时间长河，今甘为小丘守本分。

守本分，并不是一种无能的懦弱，而是一种大智若愚、虚怀若谷的气魄。何必争那鹤立鸡群，独树一帜，只愿坚守本分，成就自我。

于本分中实现自我价值。兰考干部焦裕禄坚守本分，践行为人民服务的宗旨，率兰考人民治理风沙，在风沙蔽日的大漠，涂抹出鲜亮的绿色，实现"绿我涓滴，会它千顷澄碧"的工作理想。世上哪有什么英雄，只是有人在自己的岗位上做到了极致。国家秘密命令一下达，一大群青年收拾行囊，远离家乡，与家人断绝联系。日复一日、年复一年地坚守自己的初心，担当自己的责任。终于，"平地起惊雷"，苍茫大地上冉冉爆发了属于中国的"两弹一星"。穆旦曾言："这样辛酸的劳苦并非徒然。"正如斯言，他们在完成自己本职工作的同时，用奋斗创造了人民的骄傲、国家的辉煌，实现了自己的人生价值。

于本分中创造不凡人生。"最是人间留不住，朱颜辞镜花辞树。"时光飞逝，病痛缠身，屡屡不顺，一切的幸运似乎都擦肩而过，平凡人难道只能甘于平庸？不对，正值壮年的史铁生遭遇高位截瘫，但他没有屈服于命运，而是在轮椅上坚持自己的本分，孜孜不倦地创作，享誉文坛。大龄老将，伤病缠身的徐梦桃也没有放弃，只是一如既往地完成训练任务，做好自己的本分，终在冬奥会上凭实力夺冠，一鸣惊人。

不必驰于空想，骛于虚声，也不必定要成为万山中的群峰、繁星中的明月。因为，主峰只有一座，明月只有一轮，过度的期望带来的便不再是动力，而是压迫，是焦虑，是禁锢。甘守本分，甘于平凡，并不意味着没有斗志，没有干劲。而是在自己的本分上，砥砺前行，不懈奋斗。《人民日报》上曾说，在时序轮替中，永远不变的是奋斗者的身影，永远清晰的是奋斗者的步伐。只要肯奋斗，每分每秒都不会虚掷，只要肯奋斗，低矮山丘也能成就独特的光彩。

跋山涉水，步履不停；

山高水长，映照初心；

甘为小丘守本分，砥砺奋斗成自我！

请你来点评：_____

_____

_____

_____

勇为高峰成伟业
梁雨馨

大国决决，大潮滂滂。殷鉴过去，有八国联军侵华在前，九一八事变在后。揆诸当下，却先有核试验的成功，后有天问问天、羲和探日的飞天奇迹。究其原因，必有当下中华儿女怀揣"山登绝顶我为峰"的坚定。

选择屈服，只能抱憾而归。

乌江畔，他听见了四面的楚歌，他缓缓地举起了剑，和自己最爱的虞姬一起，走向了那个令人扼腕叹息的结局。他失去了勇气，选择了屈服，于是他永远地长眠在了乌江边。试问，如果他选择了另一个答案，西楚霸王的故事是否会画上一个更加圆满的句号？时代呼唤卓越，青年更需拼搏，勇登绝顶。如果每一个人都像项羽一样失掉攀登的勇气，选择向命运屈服，又哪来如今强大的祖国？

勇登绝顶，是责任与担当。

回望过去，民族生死危亡之际，青年孙中山选择了"亟拯斯民于水火，切扶大厦之将倾"；青年鲁迅选择了"寄意寒星荃不察，我以我血荐轩辕"；青年周恩来选择了"为中华之崛起而读书"；青年赵一曼选择了"未惜头颅新故国，甘将热血沃中华"……正因为青年觉知责任与担当，毅然选择勇登绝顶，护佑祖国于水火，爱国的种子才终于结得硕果。放眼现在，新时代的青年身负责任，迎难而上，劈波斩浪，稳稳立于时代的潮头，用奋斗为青春和祖国添上浓墨重彩的一笔。

勇为高峰，方能成就伟业。

从"芯片法案"落地到对原子弹技术的垄断，欧美国家以为这样就能让我们一蹶不振，但中华儿女用事实告诉他们：他们错了。前有两弹一星、载人航天的从无到有，今有北斗环穹、华为首创的卓越创新，中华儿女从来都不怕打压和垄断，更不怕啃"硬骨头"。我们用一次次成功、一个个硕果向那些企图打压我们的人证明：如果不能站在巨人的肩头，我们就自己成为巍峨的高峰！

"星星之火，可以燎原。"如果一个勇登高峰的青年只是一颗璀璨星芒，那么一群群勇登高峰的青年便可以汇成滚烫星河。世纪的天空瞬息万变，时代的海面暗流涌动，新的世界正在加速拼图，大势当前，我们青年一代更应肩担责任，勇登高峰，用小我的点滴光辉成就大我的璀璨闪耀。

泱泱华夏万古长空，拼搏奋斗是助大鹏扶摇直上的一股清风。我们青年一代，须深知"黄金时代不在我们背后，乃在我们面前"，用"山登绝顶我为峰"的气概，以拼搏奋斗的干劲，谱时代华章，为国家增光添彩！

请你来点评：_____

_____

_____

_____

（本课编写人：姚蓉）

益者三乐

❶ 孔子曰："益者三乐，损者三乐。乐节礼乐①，乐道人之善，乐多贤友，益矣。乐骄乐②，乐佚③游，乐晏乐④，损矣。"

❷ 孔子曰："侍于君子有三愆⑤：言未及之而言谓之躁，言及之而不言谓之隐，未见颜色而言谓之瞽⑥。"

❸ 孔子曰："君子有三畏：畏天命，畏大人，畏圣人之言。小人不知天命而不畏也，狎大人，侮圣人之言。"

❹ 孔子曰："君子有九思：视思明，听思聪，色思温，貌思恭，言思忠，事思敬，疑思问，忿思难，见得思义。"

❺ 子曰："性相近也，习相远也。"

❻ 子张问仁于孔子。孔子曰："能行五者于天下为仁矣。""请问之。"曰："恭、宽、信、敏、惠。恭则不侮，宽则得众，信则人任焉，敏则有功，惠则足以使人。"

❼ 子曰："由也！女闻六言六蔽矣乎？"对曰："未也。""居⑦！吾语女。好仁不好学，其蔽也愚⑧。好知不好学，其蔽也荡⑨。好信不好学，其蔽也贼⑩。好直不好学，其蔽也绞⑪。好勇不好学，其蔽也乱。好刚不好学，其蔽也狂。"

①［节礼乐］孔子主张用礼乐来节制人。

②［骄乐］骄纵不知节制的乐。

③［佚］同"逸"。

④［晏乐］沉溺于宴饮取乐。

⑤［愆］（音qiān），过失。

⑥［瞽］（音gǔ），盲人。

⑦［居］坐。

⑧［愚］受人愚弄。

⑨［荡］放荡。好高骛远而没有根基。

⑩［贼］（被人利用反而）害了自己。

⑪［绞］说话尖刻。

语言建构与运用

句读分明

请给下面句子加上标点符号。（限15处）

孔子曰天下有道则礼乐征伐自天子出天下无道则礼乐征伐自诸侯出自诸侯出盖十世希不失矣自大夫出五世希不失矣陪臣执国命三世希不失矣天下有道则政不在大夫天下有道则庶人不议。

字字落实

请将下列语句翻译成现代汉语。

子之武城①，闻弦歌②之声。夫子莞尔而笑，曰："割鸡焉用牛刀？"子游对曰："昔者偃也闻诸夫子曰：'君子学道则爱人，小人学道则易使也。'"子曰："二三子！偃之言是也。前言戏之耳。"

【注释】①武城：鲁国的一个小城，当时子游是武城宰。②弦歌：弦，指琴瑟。以琴瑟伴奏歌唱。

_____

_____

参考译文

① 孔子说："有益的喜好有三种，有害的喜好有三种。以礼乐调节自己为喜好，以称道别人的好处为喜好，以有许多贤德之友为喜好，这是有益的。喜好骄傲，喜欢闲游，喜欢大吃大喝，这就是有害的。"

② 孔子说："侍奉在君子旁边陪他说话，要注意避免犯三种过失：还没有问到你的时候就说话，这是急躁；已经问到你的时候你却不说，这叫隐瞒；不看君子的脸色而贸然说话，这是盲人。"

③ 孔子说："君子有三件敬畏的事情：敬畏天命，敬畏地位高贵的人，敬

畏圣人的话，小人不懂得天命，因而也不敬畏，不尊重地位高贵的人，轻侮圣人之言。"

④ 孔子说："君子有九种要思考的事：看的时候，要思考看清与否；听的时候，要思考是否听清楚；自己的脸色，要思考是否温和；容貌要思考是否谦恭；言谈的时候，要思考是否忠诚；办事要思考是否谨慎严肃；遇到疑问，要思考是否应该向别人询问；愤怒时，要思考是否有后患；获取财利时，要思考是否合乎义的准则。"

⑤ 孔子说："人的本性是相近的，由于习染不同才相互有了差别。"

⑥ 子张向孔子问仁。孔子说："能够处处实行五种品德。就是仁人了。"子张说："请问哪五种？"孔子说："庄重、宽厚、诚实、勤敏、慈惠。庄重就不致遭受侮辱，宽厚就会得到众人的拥护，诚信就能得到别人的任用，勤敏就会提高工作效率，慈惠就能够使唤人。"

⑦ 孔子说："由呀！你听说过六种品德和六种弊病了吗？"子路回答说："没有。"孔子说："坐下，我告诉你。爱好仁德而不爱好学习，它的弊病是受人愚弄。爱好智慧而不爱好学习，它的弊病是行为放荡。爱好诚信而不爱好学习，它的弊病是（容易被人利用从而）害了自己。爱好直率却不爱好学习，它的弊病是说话尖刻。爱好勇敢却不爱好学习，它的弊病是犯上作乱。爱好刚强却不爱好学习，它的弊病是狂妄自大。"

思维发展与品质

合作探究

在阅读本课时，你有哪些疑惑不解之处？请列出来，并与小组同伴探究。

疑惑1：_____

疑惑2：_____

探究结果：_____

_____

归纳总结

在本课选文之中，孔子谈到了哪些话题？每个话题下有些什么观点？请按话题为选文分类，并用自己的话概括每个话题下的观点。

格式举例：

话题1：……观点：………………

_____

_____

_____

审美鉴赏与创造

名句共赏

孔子曰："君子有九思：视思明，听思聪，色思温，貌思恭，言思忠，事思敬，疑思问，忿思难，见得思义。"

【他人评析】孔子所谈的"君子有九思"，把人的言行举止的各个方面都考虑到了，他要求自己和学生们一言一行都要认真思考和自我反省，这里包括个人道德修养的各种规范，如温、良、恭、俭、让、忠、孝、仁、义、礼、智等，所有这些，都是孔子道德修养学说的组成部分。

【我的评析】_____

_____

_____

明理思辨

孔子曰："益者三友，损者三友。友直，友谅，友多闻，益矣。友便辟，友善柔，友便佞，损矣。"

1. 孔子所说的择友的标准是什么？请用自己的话加以概括。

2. 从交友有益的角度来说，你认为孔子弟子中哪些人比较适合做自己的朋友？请举一例并说明理由。

_____

_____

文化传承与理解

成语经典

请指出下列各句中的成语，并解释其含义。

1. 孔子曰："益者三友，损者三友。友直，友谅，友多闻，益矣。友便辟，友善柔，友便佞，损矣。"

成语：_____含义：_____

2. 孔子曰："君子有三戒：少之时，血气未定，戒之在色；及其壮也，血气方刚，戒之在斗；及其老也，血气既衰，戒之在得。"

成语：_____含义：_____

3. 子曰："色厉而内荏，譬诸小人，其犹穿窬之盗也与？"

成语：_____含义：_____

4. 子曰："道听而途说，德之弃也。"

成语：_____含义：_____

5. 子曰："鄙夫可与事君也与哉？其未得之也，患得之。既得之，患失之。苟患失之，无所不至矣。"

成语：_____含义：_____

成语：_____含义：_____

165

读"语"知理

说 老

曾思皓

汉字是一个包括宇宙、自然生命、人际关系、价值等方面的文化系统，承载着中国人对天地万物变化的认知。2021年"老"字入选中国人最常用形容词，说明国民对"老"字格外关注。而人们对它情有独钟的原因，我认为是"老"字背后蕴含的踏实刻苦，积土成山精益求精的美好品质。

买东西要买"老字号"品牌，看中医要看"老中医"，喝酒要喝"陈年老酒"……凡是带一个"老"字，总能够夺人眼球，甚至相同的产品，因为多了一个"古方秘制"就能脱颖而出。这是因为这些带"老"的词给了人们一种信息——古老的事物流传至今，经过时间的选择与打磨，必定有它们的过人之处。"虽然说不出它好在哪里，但它就是能吸引到我。"老字号顾客这样说。同样的，人们偏爱"老"还有一个原因，那就是随着社会的快速发展，现在的人们越来越心浮气躁，做事没有耐心，各种看起来方便快捷的新产品一次次伤了人们的心。所以人们又回到"老"上，与其说人们喜欢"老"，不如说人们是在珍惜这个时代所缺乏的踏实刻苦的精神。

同样，在人际关系的构建中，"老"字也是常常被用到的。一段长长的友情被缩成"老朋友"，"老师""老爷""老祖宗"等自古以来就存在的词汇被我们沿用至今，当我们听到或称呼一个人用了"老"字，我们的心中便会不由自主地产生一种敬意和一种厚重感，因为在中华文化中，只有活了足够长时间，积累了足够多见识的人才能被称为"老"。所以"老"字背后还蕴含着积累、沉淀、老成，有些东西的确是需要一生的积累，到了老年才能有所成就的。

人们总说"活到老，学到老"，这是告诉我们，学习是终身的，但同时它也展现了"老"字背后精益求精的内涵。到老了还在学习，体现了人类对知识的渴求，也是人类社会不断进步的动力，虽然人们总逃不过"生老病死"，但苏轼早已给出最完美的答案："逝者如斯，而未尝往也，盈虚者如彼，而卒莫消长也。"人的生命是有限的，但人类文明的长河奔流不息，人越到老年，越能理解这个道理，便想多为后人留下点儿什么。

"老"这个词代表了中国人对天地万物的认知。对我们青少年来说，"老"既远在天边，又近在眼前，我们只有把握现在，踏实刻苦，勤奋积累，精益求精，才能实现自己的梦想，才能为人类社会做贡献，才能在以后被人们冠一个"老先生"的称呼。

请你来点评：_____

_____

_____

说 美
臧焱

中华民族是一个历经千年桑田沧海，文化底蕴丰富的民族。在文明的延续上，我们创造了横平竖直、方正大气的中国汉字，在生活情调上，我们创造了诗词歌赋雅俗共赏的形式艺术，在情怀上，我们又树立了以德为首的君子之说。可以说，五千年的文化文明发展史也是一部美的发展史。一代又一代的年轻人汲取着"美"的生命力茁壮成长，"美的感知力"也镌刻在了中华民族的树干上。

美有三个境界，一为物境，二为意境，三为神境。从物境层面来理解美，是简单的。我们喜欢盛开的鲜花、漂亮的衣物、动听的歌声，这些明艳的色彩、规律的线条、和谐的声音自然会使我们心情愉悦，身体放松。这是我们的身体在欣赏美，来自自然千万年的演化，出于不经思考的本能，对于美的基础追求。我们依靠此种能力在模仿学习中制造"美"，"美"被拴锢在具体的笼子里，也有了评价的标准。所以单单从"外在"的物境层面认识美，就有些苍白无力了。

为了与"美"产生更多的互动，人们将自身情感投射在没有感情的物体上，依靠情感触角这种隐秘的传递，将美的"意味"化形。于是自此以后，盛开的鲜花美，凋零的鲜花也美，美的评价变得更多极化、复杂化。我们的诗词歌赋、古画文玩便由此而生，并成为那些时代的见证者、记录者。一些隐晦的、直白的、热烈的个人意识跨越千年时空与我们相遇，能读懂其中滋味的，便也参与了这美的传递。依靠精巧的用词、布局、搭配，美与个人意识结合，诞生了"意境"，此中巧妙，需靠意会，无法言传。

美的第三境，则更为复杂的精神层面剖析，"美德""美育"这种无形的美才是至高的境界。古人为遵礼守道者冠以"君子"的雅称，现代人也有"核心价值观"等对美的遵从，友爱、宽容、善良、无私……这些无形的精神是美的代言，它引领着千千万万的人朝着美好世界奋斗。古往今来数不清的忠臣名士、伟人英雄为我们留下了"美"的宝藏。他们被历史铭记，成了我们的榜样。

因此，在谈美的过程中，我们不仅要认识美、发现美；更要创造美、成为美，使"美"的神态、"美"的意识、"美"的精神代代相传，让中华之美的火光照耀我们前行的路。

请你来点评：_____

_____

_____

说 美

李艾蔓

漓江之美，在小舟荡过峰林碧水；《诗经》之美，在"灼灼其华""雨雪霏霏"；徐枫灿之美，在担当责任、保家卫国。这山灵毓秀的自然美、厚重醇熟的文化美、肩挑家国的人性美，跨越时空，直抵人心。美是心灵的洗涤，亦是价值的创造。

择一方小院，煮一春新茶；在路途中停下，观海和落晖。美便在自然之中。

说到"美"，首先便想起一丛花草、一山一水。梭罗可在瓦尔登湖畔建造小舍，开荒种田，观风抚过湖岸，鸟鸣一片；我亦可静守在四方小院，试新酒新茶，听虫鸟蝉鸣，抬头看又是满天星星。于一潭湖水中，在层层薄雾中，我们能如此贴近自然、融入自然，耳边喧吵也化作宁静。米兰·昆德拉曾说："慢是一种已经失传的智慧。"工业文明下追求效率而忽视情感，需要慢下来叩问内心。赏百花而观雪，沁凉风而望月，在包罗万物的自然中，我们能收获笑意，丰盈情感，暂时避开烦扰。

携一本爱书，访一处古迹；敲青瓦红墙，品一段佳话。美便在文明之中。

当手机、电视已占据了大多数人的生活，"电子失恋""走马观花"已为常态，在网络以外寻找文化生活的另一种状态显得尤为重要。翻开《文化苦旅》，跟随余秋雨的足迹，目光所及可是道教圣地青城山，可是茫茫戈壁中的敦煌。走进长安城，是汉服之美，是城墙之雄壮，是华清宫之惆怅。文明的种子需要在新时代播种，延续文明之美，既要有国家合理引导，提升热度，又要有社会个体增强意识，主动融入。

识一位榜样，学一分思想，做有格局与担当的青年。美便在青年奋斗之中。

君可见，中国女篮勇夺世界杯亚军，展示了从沉潜到崛起的十多年；君可见，留学青年攻读数学博士，名列哈佛前茅，打破对高颜值女性的偏见。我辈青年，不失出类拔萃的技能，不失咬牙前行的魄力，更不失为国为民的情怀。他们的拼搏、团结、爱国之美，如火如光，照亮了每个人的青春，并引领我们在波谷时依旧抬头看，体味逆势而生的美。

美可以是粉色晚霞，可以是古城古巷，更可以是青年之远大前程。感悟美，运用美，创造美，才能使美延续，激励更多人。

请你来点评：_____

_____

_____

_____

（本课编写人：谌伦伦）

博学笃志

❶ 子夏曰："博学而笃志①，切问②而近思，仁在其中矣。"

❷ 子路曰："君子尚勇乎？"子曰："君子义以为上，君子有勇而无义为乱，小人有勇而无义为盗。"

❸ 子夏之门人问交于子张。子张曰："子夏云何？"对曰："子夏曰：'可者与之，其不可者拒之。'"子张曰："异乎吾所闻。君子尊贤而容众，嘉善而矜不能。我之大贤与，于人何所不容？我之不贤与，人将拒我，如之何其拒人也？"

❹ 子夏曰："日知其所亡，月无忘其所能，可谓好学也已矣。"

❺ 子曰："古者民有三疾，今也或是之亡也。古之狂③也肆④，今之狂也荡⑤；古之矜也廉⑥，今之矜也忿戾⑦；古之愚也直，今之愚也诈而已矣。"

❻ 子贡曰："君子之过也，如日月之食焉。过也，人皆见之；更也，人皆仰之。"

❼ 卫公孙朝⑧问于子贡曰："仲尼⑨焉学？"子贡曰："文武之道，未坠于地，在人。贤者识其大者，不贤者识其小者，莫不有文武之道焉。夫子焉不学？而亦何常师之有？"

❽ 孔子曰："不知命，无以为君子也。不知礼，无以立也。不知信，无以知人也。"

① [笃志] 志，意为"识"，此为强记之义。

② [切问] 问与切身有关的问题。

③ [狂] 狂妄自大、愿望太高。

④ [肆] 放肆、不拘礼节。

⑤ [荡] 放荡、不守礼。

⑥ [廉] 不可触犯。

⑦ [戾] 火气太大，蛮横不讲理。

⑧ [卫公孙朝] 卫国的大夫公孙朝。

⑨ [仲尼] 孔子的字。

语言建构与运用

句读分明

请给下面画线句子加上标点符号。（限22处）

子张问孔子曰："何如斯可以从政矣？"子曰："尊五美，屏四恶，斯可以从政矣。"子张曰："何谓五美？"子曰："君子惠而不费劳而不怨欲而不贪泰而不骄威而不猛子张曰何谓惠而不费子曰因民之所利而利之斯不亦惠而不费乎择可劳而劳之又谁怨欲仁而得仁又焉贪君子无众寡无大小无敢慢斯不亦泰而不骄乎君子正其衣冠尊其瞻视俨然人望而畏之斯不亦威而不猛乎？"子张曰："何谓四恶？"子曰："不教而杀谓之虐；不戒视成谓之暴；慢令致期谓之贼；犹之与人也，出纳之吝谓之有司。"

字字落实

请将下列语句翻译成现代汉语。

子夏曰："君子信而后劳其民；未信，则以为厉己也，信而后谏；未信，则以为谤己也。"

_____

_____

参考译文

① 子夏说："广博地学习并能坚守志趣，就与切身有关的问题提出疑问并且去思考，仁就在其中了。"

② 子路说："君子崇尚勇敢吗？"孔子答道："君子以义作为最高尚的品德，君子有勇无义就会作乱，小人有勇无义就会偷盗。"

③ 子夏的学生向子张寻问怎样结交朋友。子张说："子夏是怎么说的？"答道："子夏说：'可以相交的就和他交朋友，不可以相交的就拒绝他。'"

子张说："我所听到的和这些不一样：君子既尊重贤人，又能容纳众人；能够赞美善人，又能同情能力不够的人。如果我是十分贤良的人，那我对别人有什么不能容纳的呢？我如果不贤良，那人家就会拒绝我，又怎么谈能拒绝人家呢？"

④ 子夏说："每天学到一些过去所不知道的东西，每月都不能忘记已经学会的东西，这就可以叫作好学了。"

⑤ 孔子说："古代人有三种毛病，现在恐怕连这三种毛病也不是原来的样子了。古代的狂妄者不过是愿望太高，而现在的狂妄者却是放荡不羁；古代骄傲的人不过是难以接近，现在那些骄傲的人却是凶恶蛮横；古代愚笨的人不过是直率一些，现在的愚笨者却是欺诈啊！"

⑥ 子贡说："君子的过错好比日月蚀。他犯过错，人们都看得见；他改正过错，人们都仰望着他。"

⑦ 卫国的公孙朝问子贡说："仲尼的学问是从哪里学来的？"子贡说："周文王武王的道并没有失传，还留在人们中间。贤能的人可以了解它的根本，不贤的人只了解它的末节，没有什么地方无文王武王之道。我们老师何处不可学？又何必要有固定的老师传播呢？"

⑧ 孔子说："不懂得天命，就不能做君子。不知道礼仪，就不能立身处世。不善于分辨别人的话语，就不能真正了解他。"

思维发展与品质

合作探究

在阅读本课时，你有哪些疑惑不解之处？请列出来，并与小组同伴探究。

疑惑1：＿＿＿＿＿＿＿＿＿＿＿＿＿＿＿＿＿＿＿＿＿＿＿＿＿

疑惑2：＿＿＿＿＿＿＿＿＿＿＿＿＿＿＿＿＿＿＿＿＿＿＿＿＿

探究结果：＿＿＿＿＿＿＿＿＿＿＿＿＿＿＿＿＿＿＿＿＿＿＿

＿＿＿＿＿＿＿＿＿＿＿＿＿＿＿＿＿＿＿＿＿＿＿＿＿＿＿＿＿

归纳总结

在本课选文之中，孔子谈到了哪些话题？每个话题下有些什么观点？请按话题为选文分类，并用自己的话概括每个话题下的观点。

格式举例：

话题1：……观点：………………

_____

_____

_____

审美鉴赏与创造

名句共赏

孔子曰："不知命，无以为君子也。个知礼，尢以立也。不知信，无以知人也。"

【他人评析】这一章，孔子再次向君子提出三点要求，即"知命""知礼""知言"，这是君子立身处世需要特别注意的问题。《论语》一书最后一章谈君子人格的内容，表明此书之侧重点，就在于塑造具有理想人格的君子，培养治国安邦平天下的志士仁人。

【我的评析】_____

_____

_____

明理思辨

子夏曰："小人之过也必文。"对此你怎么看？

【译文】子夏说："小人犯了过错一定要掩饰。"

_____

_____

文化传承与理解

成语经典

请指出下列各句中的成语，并解释其含义。

1. 柳下惠为士师，三黜。人曰："子未可以去乎？"曰："直道而事人，焉往而不三黜？枉道而事人，何必去父母之邦？"

成语：_____ 含义：_____

成语：_____ 含义：_____

2. 楚狂接舆歌而过孔子曰："凤兮凤兮！何德之衰？往者不可谏，来者犹可追。已而，已而！今之从政者殆而！"孔子下，欲与之言。趋而辟之，不得与之言。

成语：_____ 含义：_____

3. 子路从而后，遇丈人，以杖荷蓧。子路问曰："子见夫子乎？"丈人曰："四体不勤，五谷不分，孰为夫子？"

成语：_____ 含义：_____

4. 子张曰："士见危致命，见得思义，祭思敬，丧思哀，其可已矣。"

成语：_____ 含义：_____

5. 子夏曰："小人之过也必文。"

成语：_____ 含义：_____

6. 卫公孙朝问于子贡曰："仲尼焉学？"子贡曰："文武之道，未坠于地，在人。贤者识其大者，不贤者识其小者。莫不有文武之道焉。夫子焉不学？而亦何常师之有？"

成语：_____ 含义：_____

成语：_____ 含义：_____

名为"孤独"的精神小屋
余曾祯

"孤独和寂寞不同,寂寞会发慌,孤独则是饱满的",探其渊薮,孤独是我们独特的生命形态。因为有无数个我们,所以有无数种绚烂。

在我看来,孤独不是封闭、空虚,而是一种坚定。只有内心足够坚实,才可以支撑起自己的生命状态。这种支架,就是一间精神小屋。如若没有这种坚实,圣地亚哥便没有对弈大海的力量,聂赫留朵夫也无法保留来自巴诺伏的初心。

孤独是一种生命的独自绽放,正是因为有了孤独的千种万种,才有生命的千姿百态。秋有木槿,冬有蜡梅,真正的花开与节气无关,只与自己有关。每一次的独自盛放都是孤独,而孤独是生命的最好注脚。卢梭独自生活,自己建木屋,独自观赏两只蚂蚁打架,但他并不孤独。正如叔本华所说:"一个人只有在孤独的时候才能成为自己。"似乎只有李白的故乡是樽中月影,似乎战马和羌笛的交战只是杜甫的苦吟。这个世界上的孤独有太多种模样了,梵·高的向日葵和星空,贝多芬的田园和英雄,这些都是孤独,同时也都是他们自己。因为孤独,他们进入了自我的世界,听到了内心的声音,成为他们自己。我们也可以同样享受孤独,读懂自己。当整个世界都在向前跑时,一定不要忘记倾听自己的脚步声。

孤独,是我们必须要一个人走的路。我们可能会面对怀疑、痛苦,可能会怨怼命运:为什么一定要独自一人走上生命的某个阶段。但当上天赐予我们荒野的时候,意味着,他要让我们成为高飞的鹰。我们既要怀着"下士闻道,大笑之,不笑不足以为道"的自信,也要有"山不让尘,川不辞盈"的包容。只有这样，"孤独"这间精神小屋才有活力和生机。孤独不是一意孤行，不是拒人于千里之外，而是在熙熙攘攘中，始终坚定，始终包容，始终自信。

我们要在孤独中找到与世界的交汇点，让孤独更有力量。叶嘉莹怀着"蕴玉抱清辉"之心，守着中华诗词，用一人的孤独续华夏文明之薪火；陈景润在三平方米的宿舍厕所里、六平方米的锅炉房里，向华林问题和哥德巴赫猜想进攻，用一人的孤独点亮了数学之路上的灯盏。"虽千万人，吾往矣"，所以，其实也不妨孤独，只要找到了自己的一股劲儿，在社会上可以出一份力，孤独即是价值。孤独，就是在一个人的世界创造华美。中国金缮第一人邓彬不以繁华易匠，在孤独中雕刻中华文化的光影；其美多吉在"万里邮路云和月"中，以自己29年的孤独，打破了千家万户的孤独屏障。所以，孤独何尝不是一种盛放与绚烂呢？

从孤独里，我们读到生命的独特与纯粹，看到千千万万精神小屋凝萃的美，明白我们从何处来，往何处去。

请你来点评：_____

_____

_____

_____

"精粗"有机结合，品读精彩人生
谌雅婷

陆九渊于《象山集》中有言："书且平平读，未晓处且放过，不必太滞。"此言是告诫读书人遇不会之处时，跳过，不必逗留，否则因小失大，得不偿失。朱光潜于《咬文嚼字》中有言："在文学上，无论阅读或写作，我们必须有一字不肯放松的谨严。"此观点与陆九渊观点截然相反，他提倡一字也不放过，寻根究底。精读和粗读二者的辩证关系，从古至今都是文人们研讨的话题，各家观点频出，百花齐放。

于我而言，应将精读与粗读有机结合，将"不求甚解"与"咬文嚼字"有机结合，再因其目的、喜好、内容、形式进行有机选择，适当取舍，最终将几者综合考虑，得到最佳方式。如读网络消遣小说时，会选择粗读；阅读名篇名著时，则会选择精读。总之，结合生活经验，加之老师同学推荐，再进行理论实操，就会总结出一套属于自己的节奏方式。

于读书，精粗结合。于做人，亦是如此，也应精粗结合，方享人生哲学智慧。

"精细"做人，指的是保持严谨认真的态度。朱光潜沉潜于美学研究，不放过一丝纰漏，笔耕不辍，造诣匪浅。邓稼先隐姓埋名于"两弹"制造，在数据计算和实际加工中不允许有一毫米的差错，造就了戈壁滩上冲出天际的蘑菇云。如今的华为高薪聘请人才，认真钻研5G技术，突破关键技术壁垒，中国也因此傲居世界通信科技前沿。保持严谨认真的态度，是前行路上的垫脚石，助你我通往成功的终点。

"粗略"做人，是安贫乐道，不拘小节，是豪迈的行为作风。颜回"一箪食，一瓢饮，在陋巷"，面对如此艰苦的生活环境，"回也不改其乐"。陶渊明隐匿南山，归去来兮，即使家无多产，地无丰收，仍游荡于山水之间，乐得自在闲适。"粗略"做人，不过多地要求别人，也不过分地苛求自己，内心愉悦闲适，便是人生本质。

将"精粗"有机结合，认真完成本职工作，但又不过分苛求，以达到一种"中庸"之境。于两者间徘徊，找到自我最佳舒适点，方能修身，养性，成事。

"精粗"有机结合，是阅读之理，也是人生之智慧。一以贯之，终能达到理想彼岸。

【点评】这篇作文从材料中陆九渊和朱光潜关于读书的名言入手，提炼出阅读应将精读和粗读有机结合，方能把握好阅读的节奏，找到最轻松高效的方式。在此基础上，延伸到做人的精粗，提出为人既要严谨认真，也要乐观豁达，找准自己的节奏，方能成就精彩人生。在有限的篇幅内，能做到观点明晰，逻辑通顺，由浅入深，具有一定的思辨性，语言流畅优美，例证简约得当，称得上是一篇成功的好作文！

借突围之力，扬青春之帆

周璐

人生如围城，一些人困围城中，迟迟无法突破，最终弹尽粮绝；一些人勇破城门，浩瀚蓝天任他飞翔，最终化龙腾飞：两相对比，吾侪青年理应做破门之人，从城中突围。借突围之力，扶摇直上九万里；扬青春之帆，稳步远行。

借突围，得新知，丰满羽翼。

天下大势，浩浩汤汤。时代的大潮泥沙俱下，良莠不齐。在这样一个长江后浪推前浪的时代，审视前浪，不囿于前浪，勇于冲破前浪，蓄力后浪，此谓大智。哥白尼勇于冲破"地心说"的囹圄，以突围之力昭天下"日心说"的正确观念；伽利略勇于冲破前人坚信了数百年的观念，用比萨斜塔的实验冲破枷锁，又启新知；同他们一样，小泽征尔勇于冲破权威的镣铐，相信自己的耳朵，判断大师的乐谱出错，以不畏权威的品质被世人赞颂……突围、质疑并不代表无礼，而是对真理的追逐，在一次次突围中，真理才得以显露。巧借突围之力，方可获得真知与新知，才能丰富我们的人生内蕴。

借突围，获重生，涅槃他人。

陆游有言："山重水复疑无路，柳暗花明又一村。"是以在困境之下，走投无路之时，突出重围，便可重获新生。犹记高适，蓟州失守，兵临城下，正是"黑云压城城欲摧"之境况，他却转变方向，调头南进，一招瓮中捉鳖，使敌人溃败而逃，扭转了局势；犹记鲁迅，在民不聊生、百姓颠沛流离之时，毅然选择弃医从文，以笔作枪，在那暗流汹涌的年代中突围，用笔划破了黑暗的天空，带来了破晓，民族得以重生……正是有像他们一样的勇于突围的人，人们才能在一次次危机之中涅槃。反观之，若是同长沮、商纣一般安于享乐，在自己的安乐城中不愿醒来，终致国破人亡。我们也要善借突围之力，使他人重获新生，方能更上一层楼。

借突围，壮成长，扬帆远航。

生于安宁和平年代的我们，看似生活安逸，实则时代大任重之又重，正等着我们去突围。我们应如青年科学家曹原一样，打破科学封锁，登顶世界青年科学家之首；如折翼天使江梦南一样，在无声的世界里突围，靠读唇语圆梦清华；如航天"最强大脑"陈际玮一样，不断地突破航空飞行器的精度，为航天事业奉献自己的青春、智慧和热血。踔厉奋发，砥砺前行，我们应该去突围，去创造属于我们的美好明天，得到真正的成长。

借突围之力，扬青春之帆！万里踯躅，长路漫漫，置身于急遽嬗变之局的我们，更应借突围之力，打破桎梏，冲出围城；得成长之利，固本浚源，茁壮成长。做到"金鳞岂是池中物，一遇风云便化龙"。唯愿诸君勇于突围，大展鸿鹄之志，助我神州屹立东方不倒。数风流人物，还看今朝！

【点评】标题紧扣"突围"，采用对称式，简洁明朗；行文层层推进，由己及他，由新知到重生到成长，条分缕析；论据贴切丰富，分析紧扣中心；结尾联系现实，发出号召，回扣题目；结构起承转合，过渡自然；语言长短兼有，文采斐然。

请你来点评：_____

_____

_____

_____

（本课编写人：郭秀娟）

单元学习任务

1. 孔子曰："君子有九思：视思明，听思聪，色思温，貌思恭，言思忠，事思敬，疑思问，忿思难，见得思义。"请按此"九思"分类梳理本单元各章的道德修养主张，并谈一谈你心中的"君子"应该具有怎样的风范。

2. 本单元所谈大都关乎道德修养，或阐释为学的态度，或论述为人的品行，包括了个人道德修养的各种规范，涉及人的言行的各个方面。选择你最认同的一个主张，说说你的理由，并思考其在当今社会生活中是否还有意义，与同学讨论交流。

3. 古代汉语中的特殊句式主要是指句子的句法结构与现代汉语句子的结构组成存在着区别，可将其分类为判断句、被动句、省略句、倒装句，其中倒装句又主要有四种，即主谓倒装、宾语前置、状语后置以及定语后置。这些特殊句式在文言文中使用广泛，有着丰富的用法。有意识地积累这些特殊句式，有助于培养语感，提高阅读文言文的能力。小组分工合作，找一找本单元语句中的特殊句式，以卡片或表格的形式进行整理、归纳。

表1

句式	例句
宾语前置	不患人之不己知，患其不能也。
	莫我知也夫！
	奚自？
	而亦何常师之有？

4. 古代文化经典是圣人先贤智慧的结晶，在今天仍闪耀着璀璨的光芒，给我们很多启发。阅读这些经典时，要准确理解各章句从小事物中折射的大道理。从本单元内容中任选语句，准确理解其思想哲理，自选角度，自定立意，写一篇不少于800字的议论文，阐述你的认识和思考。

（本课编写人：丁莹 林音利）

第五单元

整本书阅读

整体把握，主题式阅读

几千年来，以孔子思想为代表的儒家思想不断渗透进发展着的中国文化，流淌在我们每一个中华儿女的血液之中，深刻影响着中华民族的思维方式、价值取向和处事原则等。《论语》是我国优秀传统文化的结晶，它不光具有丰富的文化价值，还具有很强的德育教化功能，是高中阶段整本书阅读内容的最佳选择之一。认真阅读《论语》，在阅读中品味经典，学习先贤修身、处事、待物的方式，提高自身的文学修养与道德修养。

《论语》，儒家学派的经典著作之一，是春秋时期思想家、教育家孔子的弟子及再传弟子记录孔子及其弟子言行而编成的语录文集，成书于战国前期。全书共20篇492章，以语录体为主，叙事体为辅，较为集中地体现了孔子及儒家学派的政治主张、伦理思想、道德观念、教育原则等。作品多为语录，但辞约义富，有些语句、篇章形象生动，其主要特点是语言简练，浅近易懂，而用意深远，有一种雍容和顺、纡徐含蓄的风格，能在简单的对话和行动中展示人物形象。

阅读指导

阅读《论语》，总体要求是读通、读懂。通过《论语》的整本书阅读，积累并掌握文言文实词、虚词的词义及用法，进一步掌握文言文的特殊句式及用法，积累并运用《论语》中常见的成语或名言警句等文言语料，学习《论语》言简义丰的表达形式并感受其独特的语言美，初步训练"思辨性"思维能力和语言表达能力。

下面的一些策略，可以为我们阅读《论语》提供帮助。

1. 合理规划，明确目标。《论语》全书共20篇，492章，总计约16000字，加上注释和翻译，至少40000字。高效地完成对《论语》的阅读，离不开整体的阅读规划以及明确的阅读目标。在阅读《论语》之前，可以先根据目录大致确定自己的阅读进度，并且结合自己对《论语》已有的认识，确定自己的阅读目标，如了解孔子"仁"的思想，或了解当时的礼乐制度，抑或是了解孔子其人，等等。带着合理的规划与明确的目标，《论语》的阅读便是一个良好的开端。

2. 知人论世，还原情境。走近孔子，充分了解孔子的生平经历，用史实资料来印证他的一生。不仅要去了解他被人们熟知的一面，更要关注他不为人所熟知的一面，全方位地认识孔子。《论语》是语录体，准确理解内容还需要尽量还原人物说话或对话的背景乃至情境。知人论世，要还原说话者的语气神态，否则容易造成语意误判。还原情境，除了借助文献资料外，还要根据自己的生活经验设身处地地想象判断。将《论语》学习生活化、情境化，打通《论语》学习与现实生活的联系。

3. 反复阅读，积极思考。在阅读《论语》的过程中，可以采用叶圣陶先生提出的精读与略读相结合的方法[1]，避免长时间单一形式的阅读造成的乏味与枯燥。所谓精读，就是要仔细研读阅读对象。首先，可以采用苏轼的"八面受敌"读书法[2]。将一本书的众多内容分解阅读。其次，可以运用李零教授提出的"纵横阅读法"深入研究《论语》中的重要人物及其中的教育思想[3]。最后，在阅读的过程中采用圈点批注的方式，对《论语》的内容做进一步理解。

---

[1] 叶圣陶认为："学生从精读方面得到种种经验，应用这些经验，自己去读长篇巨著以及其他的单篇短什，不再需要教师的详细指导，这就是'略读'。就教学而言，精读是主体，略读只是补充；但是就效果而言，精读是准备，略读才是应用。"

[2] 《又答王庠书》："故愿学者每次作一意求之。如欲求古今兴亡治乱、圣贤作用，但作此意求之，勿生余念。又别作一次，求事迹故实典章文物之类，亦如之。他皆仿此。此虽迂钝，而他日学成，八面受敌，与涉猎者不可同日而语也。"

[3] 李零在《丧家狗——我读〈论语〉》中提出"纵横阅读法"。"纵读"指以人物为线索进行阅读，"横读"指以概念为线索进行阅读，分为教育和思想。

4. 融入逻辑，联系生活。《论语》是格言体的思想短章，少有原因解释和分析论证。若要准确理解其内容要义，还需要融入逻辑支持与生活常理印证，弄清内容之间的逻辑关系和生活针对性，让《论语》学习真正走向深入。课标明确要求："通过学习祖国的语言文字，体会中华文化的博大精深、源远流长，体会中华文化的核心思想理念和人文精神，增强文化自信，理解、认同、热爱中华文化，继承、弘扬中华优秀传统文化和革命文化。"在阅读过程中，应当将《论语》学习和日常生活建立联系，并为孔子"我爱其礼"融入生活的事理逻辑支持。

5. 成果分享，思维碰撞。独立个体的自主阅读与群体性的集体阅读最大的差异在于后者融入和扩大了交流的因素，因此，群体性的《论语》整本书阅读活动更有必要融入阅读分享策略，如在阅读中随堂分享，也可以在阅读后集体分享或者进行专题分享。阅读成果的分享，多种思维的碰撞，更容易引发对《论语》整本书的阅读共鸣，进一步触动我们的心灵，给我们带来启迪。

学习任务

任务1：翻译理解原文，形成阅读心得

《尔雅·释诂》中认为："典，常也。"《论语》是中华优秀传统文化经典之一，本身具有长时期被广泛阅读的历史性、价值意义的思想性及独特审美特质的艺术性。在阅读过程中，要有意识、有选择地进行略读浏览和精读钻研，通过对原文的翻译、理解、感悟，沉思钻研那些对你有启发的语录，将《论语》中的理论知识内化于心、外化于行，迁移到你对现实实际问题的思考和实践中。

任务2：梳理语言现象，积累成语、熟语

《论语》中蕴含着许多简洁精炼、含义丰富的语言现象，并成为成语的来源之一。在整本书阅读过程中，学生要有意识、有目的地积累《论语》中出现

并广为流传的成语、熟语，班上定期组织阅读活动，进行交流展示。在积累的过程中，还要考虑到古今语义的发展与变化，对于部分在习用过程中已改变其在《论语》中的原义的成语、熟语，着重标明，加强记忆。既要理解该成语、熟语在《论语》中具体情境下的具体含义，也要掌握该成语、熟语在现代汉语中的内涵与用法。

任务3：提炼主题思想，分类专题研讨

阅读《论语》，要从多角度、多层面分类梳理相关内容，将较为散乱的语录通过阅读重新编排，归纳整理成主题相对集中的阅读单元。《论语》记录孔子及其弟子的言行，表现出以孔子为首的先秦儒家代表人物的为政理念、审美倾向、道德伦理和功利思想等内容，可以根据相关主题线索，有针对性地进行精读研习。班级内部可分小组合作，集中探讨涉及某一主题的相关内容，形成相应的文字报告，在展示课上分享交流。

可从以下线索入手，集中探究某一主题的相关语录：

表1

政治	《为政》：为政以德，譬如北辰居其所而众星共之。 《子路》：子曰："先有司，赦小过，举贤才。"
教育	《为政》：知之为知之，不知为不知，是知也。 《公冶长》：敏而好学，不耻下问。
忠信	《述而》：子以四教：文、行、忠、信。 《卫灵公》：子张问行。子曰："言忠信，行笃敬，虽蛮貊之邦，行矣。"
孝悌	《学而》：其为人也孝弟，而好犯上者，鲜矣；不好犯上，而好作乱者，未之有也。君子务本，本立而道生。孝弟也者，其为仁之本与！ 《里仁》：事父母几谏，见志不从，又敬不违，劳而不怨。

任务4：构建人物图册，积累人物素材

《论语·先进》记载："子曰：'从我于陈、蔡者，皆不及门也。德行：颜渊，闵子骞，冉伯牛，仲弓。言语：宰我，子贡。政事：冉有，季路；文学：子游，子夏。'"孔门十哲，指的是孔子门下的十位学生（颜子、子骞、伯牛、仲弓、子有、子贡、子路、子我、子游、子夏），他们是儒家杰出代表，为历代儒士文人尊崇敬仰。以人物为线索，在阅读过程中抓住其中一两个典型人物，归纳整理与其相关的言行事例，以梳理"孔门十哲排行榜"、辩论"谁是孔子最满意的弟子"等方式构建儒家弟子人物图册。

任务5：探索"君子"观念，重视人的培养

狄百瑞认为："虽然《论语》作为一部语录和轶事的集子看起来缺乏系统的结构，叙述也颇为游离，但是它作为一个整体仍然具备自身的焦点——君子。从君子入手十分有利于我们更好地理解《论语》。"[①]"君子"在《论语》中出现一百多次，已成为儒家陶冶人格的目标，顾颉刚认为"君子"就是有礼貌（恭、敬），有感情（仁、惠），有理智（知、学），有做人的宗旨（义、勇）[②]的理想之人。

学生要自觉深入《论语》，探索《论语》中的君子观念，了解儒家思想中培养人的原则，以中华优秀传统文化提倡的理想人格状态为典范。《论语》中"君子"一词出现了一百多次，学生在阅读过程中要整理相关语录，从具体语境中归纳出成为"君子"的普遍要求，加深对儒家"博文约礼""矜而不争"等观念的理解与感悟。

可从以下方面归纳整理，探索"君子"观念。

---

① 狄百瑞.儒家的困境［M］.北京：北京大学出版社，2009.
② 顾颉刚.春秋时代的孔子和汉代的孔子［J］.厦门大学国学研究院季刊.1927：160–163.

表2

言行有度	《里仁》：君子欲讷于言而敏于行。
文质彬彬	《雍也》：质胜文则野，文胜质则史。文质彬彬，然后君子。
交友辅仁	《颜渊》：君子以文会友，以友辅仁。
矜而不争	《八佾》：君子无所争。必也射乎！揖让而升，下而饮。其争也君子。
重视仁义	《阳货》：君子义以为上，君子有勇而无义为乱，小人有勇而无义为盗。

推荐阅读书目：

杨伯峻. 论语译注［M］. 北京：中华书局，2017.

（本课编写人：成航）

朝问道，夕死可矣

王越

君子对理想有执着的追求，如孔夫子所说："朝闻道，夕死可矣。"他们并不在意生命的长短，因为闻道才是他们活着的追求。

那不勒斯有谚语："朝至那不勒斯，夕死可矣。"对于旅行者来说，站在那不勒斯港，看着朝阳吹着海风是他们所追求的道。旅行者将到达目的地作为自己活着的意义，于是生命被道赋予了重量。即使他已行将就木，也不留遗憾。人两手空空地来到世上，也必然两手空空地离去。这样的生命本是毫无意义的，但正因为有对道的追求，我们的灵魂才可以离真理更近一步，这样一来，我们就留下了痕迹，被时间铭记，永不磨灭。

对于一个已经闻道的人，道已经使它实现了自身的价值，他的精神已经可以脱离现世的束缚去润泽每一个人，即使肉体消亡，他所留下的精神遗产也可以永世长存，所以孔子才会有夕死可矣的感慨。那些敢于为真理而死的求知者不是如此吗？发现无理数的希帕索斯被自己的老师毕达哥拉斯处死；捍卫日心说的布鲁诺被教会推上火刑架烧死；万户点燃火箭，带着人类崇高理想在天空留下绚烂的焰火；罗伯特卡帕在踩下地雷的那一刻按下快门，含笑殉职。这些殉道者们，都为追求自己心中的道而死，而他们所发现的、创造的，不仍流传于世，为后人所知吗？我想他们在面对死亡时，一定是丝毫不会惧怕的，因为真理是永远存在的，正义是杀不完的。生死只是上天加附于人的枷锁，心中有道之人可以挣脱这份枷锁，蔑视众神。

道是真理，是真相，是正义，是事物发展的基本规律，生命依托道而生，道却不会因生命的消亡而消亡。我生之前，道在那里；我死之后，道还在那里。人生如朝露，道却亘古长存。正因如此，闻道者便拥有了蔑视生死的权利。他们明白，道本身就是一把悬于无知与虚伪之上的利剑，终有一天会刺破这层幕布，让真理之光照耀大地。荆轲、专诸、聂政这样的刺客心中有道，所以明知一去不复返，还要踏上行刺之途；林觉民、谭嗣同、邓世昌这样的爱国志士心中有道，所以慷慨赴死，救亡图存；苏格拉底这样的贤哲心中有道，所以敢在法庭上为无神论辩护，饮下毒酒而死……他们或重义轻生，行侠仗义；或于民族危难之际，矢志救国；或捍卫真理，至死不渝，他们无不是坚信、坚守自己的道，才抛下所有，坦然赴死。

"朝闻道，夕死可矣。"孔子想表达的不仅是对道的渴求，这句话也阐明了人应有的生死观。庄子笔下的椿，八千年一春秋，而蜉蝣的成虫，生死只在朝夕。与椿相比，蜉蝣看不见月的晦朔变幻，更无法见证大海干涸，地裂山崩。但是蜉蝣可以享有几小时自由的生命，而椿只能千千万万年待在原地。蜉蝣与椿相比，谁更可悲？蜉蝣的"夕死"并不是它自己的选择，但它也度过了完整的一生，还能自在地扇动羽翼，那么蜉蝣作为大自然里一位渺小的"闻道"者，它会不会也是幸福的呢？一万年与朝夕，是天之道；怎样去度过，是自我之道。一个人，如果既能闻"天"之道，又能得"我"之道，那么就算一生短暂，也算活出了生命的价值。

阿西莫夫小说《最后的问题》中，当宇宙中所有的原理和知识都被发现之后，熵增就开始逆转，世界就走向它的终结与重生。人的一生，就是一场求道之旅，朝闻道，夕死足矣。

我的阅读体悟：_____

_____

_____

当时只道是寻常——忆读"红楼"

喻琪媛

距离读完《红楼梦》的那个假期已经过去了两年，但阅读《红楼梦》的那个假期对于我来说刻骨铭心，绝对是我人生中里程碑一般的存在。刚读完《红楼梦》时，并不知道它对我的影响有这么大，当时也就觉得读书的速度快了一点儿，现在受到王老师委托，写这篇读后感回首时，才发现《红楼梦》带给我的不只是阅读速度提升那么简单，阅读它，不仅丰富了我的阅读生涯，提升了我的阅读能力，而且，在离开了高中校园后的现在，它仍继续滋养着我。

读完后最明显的提升就是阅读速度，以及筛选信息的能力。《红楼梦》共有120回，96万字，虽说不像先秦古文那样难懂，但要全部读完，当时高二的我也非常吃不消。仅仅只是读了前面几页，写十二金钗以及贾宝玉的前世时就觉得这本书晦涩难懂，我连名字都记不清，但是王老师既然说"连滚带爬"，那就一定是预料到我读不懂，所以我也就不去管是否能明白作者在讲什么，读懂一点儿算一点儿。一个形象的比喻——"连滚带爬"，读书就像是吃馒头，你不用管馒头啥味道，你只管往嘴里塞，有一些馒头能尝出味道，一些尝不出来，你也不用过多纠结，你只管使劲吃，至少你先把胃口养大了，嚼东西的速度变快了。没想到这种方法居然有奇效，因为没有"我一定要读懂"的心理负担，读起书来也比想象中的快。就像你举了哑铃再去扔沙包，就会发现沙包像没什么重量一样。当你熟悉文学文本的基本叙事结构之后，你阅读高考的论述类、说明类文本，就不会太慢了。

其次就是阅读能力和语感。"连滚带爬"阅读法的原理，是我在写大学的结课论文时才突然悟到是怎么回事。动物学的结课论文，需要查阅大量资料，而那些优秀的资料、论文又往往是英文，这就导致论文的书写难度很大。在阅读英文文献时，我就突然想起了《红楼梦》。你理解不了句子意思的时候就一个词一个词地默念，就像我读不懂一整段英文时，就一个单词一个单词拆开看，一句话念完之后，你的脑子就会自动帮你匹配一个它认为最适合的意思，你再根据这个意思去匹配原文，如果有冲突，你的大脑就会自动调整。我想到一个脑科学研究，大概就是说，当一张纸上有许多词语的时候，你的大脑会自动帮你找到它们的联系，而"连滚带爬"读书法，就是把这个本来应该精雕细琢的理解文本的过程，交给大脑第一反应来完成。也就是说，"连滚带爬"其实是在你不知不觉中，训练大脑对于文本的敏感度。说句不正经的话，你一个月读完《红楼梦》，语文选择题盲选正确的概率绝对会提高。这种提升也绝对不止于语文，而是所有长难文本，包括生物选择题、物理大题、化学反应原理、实验设计大题。注意！这里区分一下，有些网络小说也是几十万字，为什么读它们没用？很简单，因为它们不是长难文本。网络小说的阅读基本是靠大脑第一直觉阅读，也就图一乐，你看到那些文字后反映出来的第一直觉，基本也就是作者想要表达的意思，没有人为调整的过程，就像你写了几十万道"1+1=？"一样，缺乏阅读最重要的思考广度和深度。那些文字经不起咀嚼，你的大脑也根本不会把它当作真正的文学作品去对待，也就不会有什么实质上的效果。

最后，是整个阅读过程中的感受，以及我对内容的理解。整个阅读过程是蛮难熬的，因为当时确实非常浮躁，不知道大家有没有听王老师讲过"发心、伏心、明心"，伏心是最为难熬的一个阶段，你要摒弃一切欲望、杂念，不然这些古文根本就挤不进你的脑子，这个过程是很好的修养心境的过程，就是在那个读红楼的假期，我真正意义上可以做到短暂的毫无杂念的学习了，在那之前，都不太能做到完全安静。毕竟是"连滚带爬"，况且读的还是《红楼梦》，我读完后，居然没办法用一整句完整的话描述我的具体心情，对于内容和人物也仅仅是有个大概印象，但就像是演员演了悲剧，很久都没办法出戏，我仅仅是作为看客，都没办法摆脱那种难过和辛酸，就像是一口烈酒，还没去品，就已经陷入其中，于是便更不敢细尝。好的文学作品就像一把利斧，狠狠地划开人们冰封的内心，对于我来说，这伤口现在还疼，这也就是为什么我觉得《红楼梦》很好看，但我现在还不愿意再看一遍。因为当你凝视深渊，深渊也在凝视你。现在《红楼梦》的内容我已经忘得差不多了，但我忘不了《红楼梦》给我的感觉，那是一种疼，不愿意再体会一次的疼。至于对它的理解，我希望我永远也不要理解，因为你真的对红楼有自己体会的时候，你就已经是书中人了。

《红楼梦》带给我的是五味杂陈，是百感交集。我最开始读《红楼梦》，因为时间紧迫，总想着什么时候读完，等到终于读完了，发现《红楼梦》中还有好多内容我还想再品品，却不敢再翻开那本书了，就像我的高中一样。我那年的高考作文就是《红楼梦》相关的题目，我做梦也没想到是这样的结尾，可惜的是，那次作文我写偏题了，高考前三个月唯一一次偏题，也是最后一次。王老师自信地说我作文肯定没问题的时候，我不敢回答。我不知道这样的结局算不算荒谬，最喜欢的作品出现在高考作文里，然后写偏题。我花了很长时间去寻找原因，后来我不找了，因为我发现，很多事情没有答案。我的高中，就像我用"连滚带爬"的方法去读的这本《红楼梦》一样，仓促、模糊、沉醉、疼。曹雪芹的《红楼梦》只有八十回，准确来说，它没有结局，这就是最好的结局。我用《百年孤独》里，最喜欢的一句话结尾。

"如果，清风有情，那么明月可鉴，抹不去的，是幽幽飘洒的孤独，解不开的，是袅袅缠绕的前缘，斩不断的，是缠缠交织的思念，转不出的是，泻泻而逝的流年。"

我和《红楼梦》的故事讲完了，现在，该你了。

无言之谶——浅谈潇湘馆

毕靖雯

曹公丝毫不吝惜着于潇湘馆的笔墨：一带粉垣，里面数楹修舍，有千百竿翠竹遮映；有大株梨花和芭蕉；后院墙下忽开一隙，清泉一派，开沟仅尺许，灌入墙内，绕阶缘屋至前院，盘旋竹下而出；凤尾森森，龙吟细细，一片翠竹环绕……

竹啊，泉啊，梨啊，一看就是曹公为林黛玉量身打造，美则美矣，却暗示着林黛玉的命运。

千竿翠竹

在题帕诗那一回中，林黛玉写道：窗前亦有千竿竹，不识香痕渍也无？从此我们可以推断这千竿翠竹是湘妃竹，湘妃竹的典故上溯到娥皇女英，史料中记载：舜三十九年，巡江死苍梧之野，葬九嶷山，二女寻夫至湘滨，痛苦魂断泪尽，投湘江而死。而湘妃竹正是二女南行奔丧，泪水洒在竹林之中成为竹上斑点而得此称。这与程高版续写的黛玉泪尽而亡，及前五回中写绛珠仙草去下世为人"把我一生所有的眼泪还他"相契合，所谓"绛珠"，即红色的珠子，暗示着血泪，寓示着黛玉爱哭的特点及悲惨的结局，是作者"字字看来皆是血"的写照。

潇湘妃子

回到诗社那一回，探春取雅号为"蕉下客"，林黛玉的反应是"你们快牵了他去，炖了脯子吃酒"，所以黛玉领会的是"蕉叶覆鹿"，"鹿"，天下也，群雄逐鹿，凸显出探春日后作为一国王妃的地位，而王熙凤在五十回左右直接表明探春是庶出，出身上并不高贵，她又如何能成王妃？"潇湘妃子"这个雅号或许给出了答案。元妃省亲时将"蓼汀花溆"改为"花溆"，暗示立场，会拆散宝黛，且将黛玉逐出贾府，故而林黛玉最终应当不是亡于贾府，而这潇湘妃子指的是两个人，又是王妃，答案已然明了，一如林黛玉的芙蓉花签"莫怨东风当自嗟"，黛玉与探春应该是一同远赴异国的。而后因林黛玉泪尽而终，贾探春才成了王妃。类似的故事要回到前五回中写英莲、娇杏与贾雨村，脂砚斋有一批：好极！与英莲"有命无运"四字，遥遥相映射。莲，主也；杏，仆也。今莲反无运，而杏则两全。香菱影射林黛玉，娇杏影射贾探春。

退步与泉

第十七回写道：又有两间小小退步，后院墙下忽开一隙，得泉一派。退步，是古典园林建筑的一种房屋格式，提供休息的附属房屋，算是园林房舍的"余韵"，在功能上也不是主要供居住，而是作为备选的休息之所，如果家中待客之际，人多到住不下了，退步就可以派上用场了，在贾府，这样的房间应当是各院都有，曹公却只在这里提到，这"退步"影射的便是黛玉了。但众所周知，林家在黛玉十来岁之际便已败落无人，何来退路之说？曹公用一派清泉提示了众人，"泉"在古代有钱币之意，引申为财富。林如海虽任肥差，但书中未曾提及林家富贵，所以这财富还得回到当初林如海与贾敏结婚时贾家所看重的东西——文。林黛玉后院的这一派清泉，象征着林黛玉的知识、教养、门风与素质，实际一点来看，林黛玉从苏州带来的一车书籍，就是贾家的退路。当初刘姥姥只一眼，便道黛玉的潇湘馆是书房，而怡红院却似小姐的绣房，可见贾家没有为林家的文化底蕴所撼动，任不良无知的门风日盛，置这一条文脉于不顾，才落得"白茫茫大地真干净"的结局。

我的阅读体悟：_____

_____

_____

仁礼为核，多视角研读

先秦诸子文学，奠定了中华民族的文化精神根脉，是我们取之不尽、用之不竭的精神宝库。时至今日，我们的思想与文化，仍然深深地浸润在几千年前的圣哲们为我们构建的桃花源中。而想要深入了解一个中国人的文化精神，《论语》一定是不二之选。透过这本书，我们可以读到君子立身的原则与方法、人生理想的树立与实践、哲学思辨的清明与理性、仁义道德的来源与旨归……《论语》不只是一部闪耀着理想主义光辉的儒家经典，更是一部用实践与智慧写就的人生指南。而想要揭开《论语》的神秘面纱，"仁"与"礼"就是我们最好的钥匙。

阅读指导

1. 聚焦主题，梳理内容。"孔曰成仁，孟曰取义"。"仁"是孔子哲学思想的核心主题，"礼"是"仁"的重要载体与实践途径。如果说《论语》中儒家思想是一棵大树，"仁"就是它的树根，而"礼"就是它的花朵。因此，把握"仁"与"礼"的实质，厘清"仁"与"礼"的关系，可以帮助我们快速而深入地走进《论语》的精神世界，做到纲举目张，提纲挈领。因此，我们要在通读《论语》全文的基础上，对文中涉及"仁"与"礼"的语句进行系统梳理，尤其是直接论及两者关系的内容，须重点关注。需要注意的是，《论语》中还有一部分讨论"仁"与"礼"的派生概念的内容，如

"忠""恕""恭""让"等，在阅读时也可以适当进行标注与梳理，这些概念可以辅助我们进一步实现对"仁"与"礼"的深入认识。

2. 细读精研，贯通内涵。《论语》中论及"仁"与"礼"的语句有许多，就结构层面而言，它们广泛分布在二十个篇章内，结构散漫；就内容层面而言，它们彼此之间的关联则不甚明显，因此需要我们在完成梳理之后，通过细读精研的方式，完成对"仁"与"礼"的内涵与外延的深度把握。将"仁"与"礼"放在具体的语句内考察不难看出，孔子鲜少对于"仁"与"礼"的内涵作精确的定义，而多是通过旁敲侧击的方式去诠释。以"仁"为例，孔子与弟子更多讨论的是"近于仁"的标准、"仁人"的作为等内容。而面对不同弟子的"问仁""问礼"之举，孔子也为他们量身定制了关于"仁"和"礼"的不同回答，这一方面是孔子"因材施教"的思想的体现，另一方面也为我们提供了从不同侧面去认识"仁"与"礼"内涵的契机。在阅读过程中，需要去仔细辨析"仁"与"礼"的实质与内涵，深入考察"仁"作为"礼"的根本内核所具有的精神价值，"礼"作为"仁"的载体与表征所具有的实践意义，以辩证思维认识"仁"与"礼"的关系。

3. 体悟精神，立足实践。《论语》中的"仁"与"礼"历经千年时光，奠定了我们中华民族的精神底色，具有无可比拟的思想价值。以"仁"为核心擘画的"大同世界"，至今仍然是理想社会的代名词；以"礼"为规范的文化风尚，也与我们的日常生活息息相关。我们同父母亲人、师长朋友之间的紧密关系，既出于"仁爱"的情感，也表现在"礼节"的规范；个人的品格修养，既得益于"仁义"的强本固基，也离不开"礼仪"的克己修身；我们当下社会的治理，既需要"礼法"的条文，也需要"仁心"的温情。因此，我们要在阅读文本的同时，立足于生活的实践，通过真切的生命体验与内省反思，去体悟"礼"与"仁"的精神，感受"仁"与"礼"的魅力。更要明确看到，任何"礼"都是以"仁"为基础的，失去了真诚的"仁"，"礼"只会成为虚有其表的华丽装饰。在此基础上，我们还可以联系当下社会现实、历史事件、文学经典去做更深入的探究，真正做到学以致用。

4. 品味语言，涵泳吟诵。先秦时期经典，受限于书写方式以及文字形体，流传至今的内容大多删繁就简，言简意赅。尽管在一定程度上增加了理解的难度，但是在语言方面却呈现出含蓄隽永、凝练简明、质朴精约的特点，具有卓越的艺术性。这一点在《论语》中论及"仁"与"礼"的语句中亦有体现。因此，在阅读过程中，我们还需要注意品味其间精彩的语言，还可以通过吟诵涵咏的方式，以增进对"仁"与"礼"的理解与体会，提升我们的语言鉴赏与运用能力。

学习任务

任务1：重读"仁""礼"，夯实文言基础理解

《论语》的思想内涵体现在"仁""礼""孝""义"等概念体系中，其中"仁"和"礼"即是《论语》的精神内核，也是我国优秀传统文化的核心所在。对《论语》中的"仁""礼"进行复习阅读，通过过关测试、片段扩写、情景演绎等方式进行翻译阅读检验。

任务2：说"仁"论"礼"，构建核心概念体系

孔子将"仁"看作是能够对整个社会提出道德标准的伦理范畴，而"礼"则是一个治理国家所必要的政治范畴。细读文本内容（只划分出"仁"和"礼"两个部分），对每一则材料进行概念分析，可分为内涵、路径、实践与例证等，再根据每一部分主题重组《论语》，并为每一主题撰写导言或总论。之后，从"仁"和"礼"是什么、怎么做两个角度，对每一主题进行再研究，以表格或思维导图的形式呈现核心概念体系。其中《颜渊问礼》的部分可视为将"仁"和"礼"串联的结点。

关于《论语》中"礼"的相关内容重组。"礼"可大致分为治国之礼和为人之礼，其中治国之礼集中于《八佾篇》，重组起来相对容易，而为人之礼散落于其他篇目之中，需要细心总结，下表为例。

表1

主题：为人之礼	具体篇目
概念含义	《论语·颜渊》：克己复礼为仁。
实现价值	《论语·子路》：礼乐不兴，则刑罚不中；刑罚不中，则民无所措手足。
实施路径	《论语·泰伯》：恭而无礼则劳，慎而无礼则葸，勇而无礼则乱，直而无礼则绞。

任务3：行"礼"为"仁"，思考当下现实问题

我们现行的道德规范、价值取向和思维方式，很多都是在《论语》思想的影响下形成的。另一方面，当今社会更迭加速，一些为人准则和礼仪规范被抛弃，而外来的规则制度也在影响着我们的思维观念和行为准则。可就此思考《论语》中所倡导的"仁"和"礼"，有哪些部分是值得保留传承的，又有哪些可批判继承，说明原因并结合社会现象论证。活动形式不拘，可以根据社会调查形成调查报告，就热点话题展开辩论赛，或就某一社会现象展开思辨写作小论文。可以人情冷漠、诚信缺失、社会公德丧失等话题为主，展开活动。

任务4：多重演绎，推广"仁""礼"

在主题阅读的基础上，教师可以指导学生创作"仁"和"礼"相关话题的话剧、相声、小品等适合录影或舞台扮演的艺术形式。主题可就任务3进行深化，如关于"礼"文化中最基础的礼仪，服饰礼仪、说话礼仪、行为礼仪等。

（本课编写人：杜昕怡　卢鹏　向柯华）

阅读成果分享

人焉廋哉？人焉廋哉

刘凡菲

《论语·为政》中有这样一句话："子曰：'视其所以，观其所由，察其所安。人焉廋哉？人焉廋哉？'"大意是只要全方面地观察了解一个人，这个人是藏不住什么的。刚读到的时候，我还只是粗略扫过。然而再细想一下，我不敢苟同孔子的观点。人的想法是永远也了解不了的，悲伤、欢愉的复杂难以想象。

世间的事情安排得实在非常奇妙：只要你在欢乐前面停留得久一些，刹那间欢乐会一变而为悲伤，那时候只有上帝才知道你的头脑里忽然会转到些什么念头。这种戏剧般的命运——姑且先称它为"命运"——连孔老都无法解释。人生有所限制，也必须有超越。孔子诉诸"天"；老子以"道"为最终答案。信教者必会虔诚地信仰所忠之教，而不信教的人也会有那么一两个瞬间，真挚诚恳地求天拜地。我们无法突破这样看似公平却又最难理解的规律，自然而然也无法真正了解一个人。我们连他的悲伤、他的欢愉、他的敏感都难以察觉。刘亮程曾说："落在一个人一生中的雪，我们不能全部看见。每个人都在自己的生命中，孤独地过冬。"任何对象都不能使人超越孤独，甚至是所谓的"命运"。

再看孔子的话，第一个考察的点便是"朋友"。但真的了解了所交知己便能看出一个人吗？或许连朋友都无法做到如此：鲁迅和瞿秋白，可称得上是一对"知己"了，但他们真的能看透对方吗？或许在陈旧的书桌旁朗诵时，或许在大雾中，他们早已隐隐约约窥见，但又不敢承认。两人都极为通透，但也没有资格真正了解对方，更何况不是朋友的人。幸存者偏差让我们天真地认为人的内心过于简单，其实当你真的走过他的路时，你连路过时的心情都无法言语，有时我们看到的，不过是浮在水面上的冰山一角。其次，孔子又说了什么"观其所由"啊、"察其所安"啊，可能是社会的变迁、人心的莫测吧。那时的孔子只觉得有这几点就可以知人。可如果真是这样，那为何有些杀人凶手至今还逍遥法外？警察若能通过作案方式就可以了解一个人，那世上又怎么会如此多人坠入黑暗？况且从另一角度出发，你又怎么知道他所用的方式一定是发自内心的？现在技术发达，仅凭一个指纹就可以找出凶手，但你又怎么能确定凶手真的是他还是藏于影子中的人？只要两人串通好——这是人的思维——警察束手无策。就此，若以上两点都无法做到，那么了解个人的心情更是镜花水月、难如登天了。

孔子的话与我们现在的生活大相径庭。我想有两个原因：第一，是社会背景的不同。当时战火纷飞，大多数人处于生与死的界限。小的盗窃杀人；大的灭族换代。看似吓人，实则粗鲁直接。因为他们已习以为常，像一个从不知杀戮为何物的纯情小孩，看见死亡也只会吱吱笑。这种时代环境进而导致了价值观和人性的不同。第二，是孔子的"仁"。"仁者"大意可以理解为智慧到了极点的人，他不为人性所缚，却又染于红尘中。古龙小说中的花满楼大概就是如此：不贪钱财、不好女色，没有人的七情六欲，但又时刻注重"礼"。这样的性格，即使是再虚假的人，在与他相处后，恐怕也愿意吐露心声。更何况木心所言"从前一生只够爱一人"，这种话语不得不让我们想象那时人与人的相处是有多简单而又暖心。

放到现在来看，我所谓的"深究"，其实毫无意义。毕竟，何必要真正了解一个人呢？妄自捏造不必要的麻烦来折磨自己，这可能也是我与那时候的人的差异吧。

我的阅读体悟：＿＿＿＿＿＿＿＿＿＿＿＿＿＿＿＿＿＿＿＿＿＿＿＿＿

＿＿＿＿＿＿＿＿＿＿＿＿＿＿＿＿＿＿＿＿＿＿＿＿＿＿＿＿＿＿＿＿＿＿＿

＿＿＿＿＿＿＿＿＿＿＿＿＿＿＿＿＿＿＿＿＿＿＿＿＿＿＿＿＿＿＿＿＿＿＿

＿＿＿＿＿＿＿＿＿＿＿＿＿＿＿＿＿＿＿＿＿＿＿＿＿＿＿＿＿＿＿＿＿＿＿

由此及彼

贾府的穷途末路——矛盾，矛盾还是矛盾！
王子奕

《红楼梦》作为"中国封建社会的百科全书"，毛泽东主席曾经对此书评价道：贾府的衰落是封建制度下矛盾的集合，是不可避免的。不拿阶级斗争观点讲，就讲不通。看了这本书就懂得了什么是地主阶级，什么是封建社会，就会明白为什么要推翻它。因此贾府的末路似乎从开篇便已成定局。而在前八十回中，作者也在不断提及"末世"二字。红学家们现在有两种说法。一为："末世"指贾府的将倾之际；二则为："末世"指自然天灾与兵荒马乱之时。而我将结合脂砚斋批注，从这两点出发来阐明贾府的三大矛盾。

要提到矛盾，则必提到探春、凤姐二人，因为她俩都当过贾府的"管事的"，顺着曹公的春秋笔法，她们掌管期间，贾府的大小之事基本明了了。在五十五、五十六回中，凤姐由于身体原因，需要找一个"接班人"，她和平儿都认为才华横溢的三小姐（探春）最适合。探春，在贾府下人的口中叫作"刺玫瑰"。她心气很高，厌恶别人说她是赵姨娘庶出。就如判词中的"才自精明志自高"，可偏偏"生于末世运偏消"，她接手贾府才发现：竟然是如此的烂摊子！她虽然抵住了"恶奴"的蓄意滋事，也提出了很多独到的、精明的见解，但也回天乏术，未能"扶大厦之将倾"。由此更能看出贾府走上末路是一个必然趋势。

贾府最大的矛盾便是缺钱。贾府前期倒能勉强发放仆人的月例，但秦可卿的葬礼，元春省亲时的排场之奢华，出手之阔绰，宴席之铺张，导致财政出现赤字。其实按理说，像贾府这样的大家族，经济体量很大，只要来钱速度够快，这些钱的亏损便不成气候。就像前期一样，即使花了那么多钱，贾府还不是"接着奏乐接着舞"？但问题就出在外界时局的变化。第五十三回说道：乌进孝在粮食交租时，只收了不到平时的一半，说是因为连月冰雹霜冻导致了庄稼歉收。而贾府重要的经济来源便是"收租"，贾赦当时竟然说这点儿钱还不够他塞牙缝！连牙缝都不够塞，如何去塞巨大的经济窟窿？因此这次进贡事件便成了贾府由盛转衰的拐点。自然而然地，贾府便从此走向衰落。其实，贾府若在这时意识到问题的严重性，亡羊补牢也为时不晚：但凡勒紧点儿裤腰带，把生活俭朴化一些，咸鱼翻身也不是不可能。但他们竟毫无意识，后期的庆生宴与元宵夜宴的兴师动众，大张旗鼓，便更是属于"放血疗法"，让其赤字扩大速度如"下坡踩油门"。不仅排面没有小，那些贾家子弟，特别是宁国府之人吃喝嫖赌成性，夜夜笙歌，纸醉金迷，让贾府的经济状况雪上加霜。还没完！集结了历朝历代必亡加成的贾家竟然还有贪污！在为凤姐庆生时，为何赖大家可与很多主子平起平坐？贾母还说："谁不知道你们家是大财主。"各位试想：一个管家，比主子还有钱！可见其他下人估计多少也有贪污的。看来贾府败落还真不冤枉。

贾府第二大矛盾就是家人与家人、仆人与仆人、主人与仆人间的矛盾。暂且不说后四十回怎样，光是前八十回的矛盾便足以击垮贾府。很多同学觉得宝玉与黛玉"你来我往"式的矛盾是家庭中的主要矛盾。谬矣！这是曹雪芹的春秋笔法，想借此误人视听，以达到最终"幻梦于美好中破灭的极致立体的悲剧美感"。其实贾家的矛盾几乎全部压在了次要人物上。从宝钗送黛玉燕窝一回中可以知道：很多仆人其实是不服管的，而且对主子的意见很大，连黛玉本人都知道了。从王夫人对晴雯说的话中可知：有些人是眼线，是专门用来打小报告的！在第三回，在黛玉面前，王夫人还有意无意地当众人的面问凤姐放月例没有，可见王夫人不服凤姐是管事的，想炫耀自己的地位，以此来压凤姐的威风。六十六回中，柳湘莲对宝玉说：荣宁二府只有石狮子是干净的。可见贾府内部矛盾早就被盛景掩盖，只是王熙凤前期管理得好才压住了这些是是非非。可是邢王两人，既没有能力，又想给凤姐使绊儿，见不得凤姐风光。每次都捅凤姐的娄子，千方百计地找借口压王熙凤的气焰，更是不分青红皂白，将小事无限制放大。再加上贾府管理本来就漏洞百出，除了邢王二人之外，其他人还要来瞎掺和一脚，从五十二回到七十七回都在说这些事情。结果呢？欸，他们竟然把自己家给查抄了！都到这个时候了，那帮子人（以王善保为代表）还想着让自己出风头，给贾府本就黑暗的气氛又裹上了一层黑抹布，这还不解气，再把这坨东西扔进铁笼子里，走之前还不忘"好心"地上把锁，顺便带走，逼死晴雯。在抄家时，探春说："可知这样大族人家，若从外头杀来，一时是杀不死的，这是古人曾说的'百足之虫，死而不僵'，必须先从家里自杀自灭起来，才能一败涂地！"这是一句警语，说明贾家已经开始自我毁灭了。前期

"放血"般的自毁只是量变的积累，只等最权威的贾母一死，量变就引起了质变，上下便会乱成一锅粥，以至于最后"落了片白茫茫的大地真干净"！由此可见：毁灭只在旦夕之时，这句话是一点儿也不假啊。

贾府第三大矛盾便是缺粮。由于《红楼梦》为架空历史，我推测可能多少是有些战乱才导致饥馑的，从黛玉写的诗中便能看出蹊跷。元春省亲时黛玉写："盛世无饥馁，何须耕织忙。"除了第五十三回粮食交租这件事外，第六十一回小丫头向厨房要鸡蛋却被抢白，柳嫂还回敬道：都要啃草根子了，哪里来的鸡蛋！脂砚斋也在此批语说：总写春残之景。无独有偶，第七十五回，主子尤氏吃的都是糠，却被告知外头"行头不好"。因此贾家不仅有内忧，还有外患。有意思的是，凤姐的亲兄弟王子腾担任的是九省都检点，根据记载，这相当于军师或将军，"出师征讨，诸将不相统一，则拔一人为都统制以总之。"简而言之就是：外面要打仗了！根据脂砚斋的批语，这个战争多少与探春的远嫁和史湘云的命运有关系（皆为推测，酌情听信）。这样一来，贾府除了内部钩心斗角，蠢蠢欲动外，其外部环境也是不容乐观的，这个矛盾的激化，曹公当然没有刻意去描写，而是将其暗藏于贾府风光的外表与宝玉黛玉的爱情主线中，草蛇灰线，伏脉千里。这不得不感慨曹公的用心良苦与其如神般的笔力了！

前八十回已经写了几次风波较大但实际影响较小的"家庭闹剧"。但既已末世，则必有引火线与火星去点燃油桶导致大爆炸，从探春的口气中可以知道：抄家必不能从根本上毁灭贾府。一定是一个内讧或是外界推手导致最终没落，最具悲情色彩的家破人亡只不过是贾府末世的附属品，昔日那些玩笑打闹的兄弟姊妹们只不过是封建社会与地主阶级的必然牺牲品。哎，宝玉那时立下的豪情誓言，黛玉那时跨过封建束缚的幻想与深明大义，晴雯臆想通过斗争争取来的平等与自由，李纨愿意孤寡一生来博取众人的赞扬，又或者是宝钗袭人的遗世聪慧……只不过是封建社会道路中的一座，抑或是几座不起眼的、众多的坟墓之一罢了……

北疆之北是阿勒泰——读李娟作品有感

李欣悦

北疆之北是阿勒泰，她是狂野的梦，她是山野的风。

初闻李娟，始于老师的分享，她说："李娟的文字予我力量"。为此，她还特地去了新疆阿勒泰。她说，如果我要读李娟的作品，可以先从《阿勒泰的角落》《我的阿勒泰》读起，然后可以读读《遥远的向日葵地》《冬牧场》，巧合的是，我们年级的阅读素材里后来也推荐了李娟的文章。

李娟就是李娟。她就是"当代萧红"，她的文字，吝用华丽辞藻，干净、质朴、遥远、真诚、充满生命力。她的文字不是董桥式的散文；不是前世明月梦里打捞的风雅旧物人情；她没有华丽到浓艳的文字风格；她不是贾平凹、王安忆这些小说作者的另一只手；她的字里行间没有任何的作家气、文人气；她也不是周成林、野夫这样以沉重记忆为材料的冷调叙述；也不是洁尘毛尖池莉这类女作家的城市生活小品；不是豆瓣系作者们的文艺气息旺盛；她谁都不是，唯独她一个，她就是李娟。她的字里行间会引发我的思考。

我读到了一种生活的美好。

阅读《阿勒泰的角落》，会觉得生活本应该是如此简单而宁静，就像远方的童年时光那样。在阿勒泰的世界里徜徉、徘徊、行走，让我惊觉世界之大。有太多的人、太多的事，我一无所知。李娟的书，打开了我认知世界的一个门。在这本书里，她用细腻温柔的笔触描述了生活中遇到的美好与善良。淳朴的牧民，美丽的大山，辽远碧蓝的天空，蜿蜒的河流……以及像河边洗衣服、拔草、喂兔子这样的小事。——她在简单的日常生活中发现了生活的温馨与乐趣，并把这些美好瞬间记录下来。

我也读到了一种淡淡的忧伤。

在《我的阿勒泰》里，她写道："每当抬头看到这太阳，都好像是有生以来第一次看到一样——心里微微一动，惊奇感转瞬即逝，但记起现实后的那种猛然而至的空洞感难以愈合。"她似乎一直在告别，告别所深爱的土地、深爱的时光、深爱的外婆。所谓感同身受，小时候总觉得烟花很大，能盖住整片天空，现在看来，也只是盖住了我天真烂漫的童年。正如朱自清在《匆匆》一书中写道："我们的日子为什么一去不复返呢？"回不去的时光，美好的东西，虽不曾消失，但也不再重来。

我读到了一种释怀。

李娟的书确实是静心宝典。在读书过程中，仿佛触及了一个人那久远的记忆，好像在和李娟同行，一位年长的富含魅力的女性友人，她是如此轻灵而又幽默，她那梦幻的想象，让我深深沉浸在遥远的生活之中，我仅透过文字感受什么是森林、什么是土地，那未曾谋面的小孩、朋友、村民、过路人，在那片土地上轰轰烈烈地生存与消亡。为什么喜欢读李娟的文字，或许是渴望，渴望那未曾到达，也无法到达的远方；又或许是因为我看到了精灵，在河水间，在尘土中，在帐篷里，——在阿勒泰的角落，像风一样轻巧，像水一样灵活，使我短暂脱离于现实的压力与负担。

我读到了一种对生活的希望。

读到《遥远的向日葵地》的后记："就在种地的第三年，我妈他们两口子终于等到了盼望已久的丰收。然而，正是那一年，我叔叔卖完最后一批葵花籽，在从地边赶回家的途中突发脑出血，中风瘫痪。"是谓"人生无常"，很多人觉得这是她早期的作品，所以太过青涩。但那时她没有任何的特殊的身份地位，只是一个真正感受到苦难的人，当从这些密密麻麻的桎梏中抽离出来时，反而变为了一个简单的文字记录者，这种化繁为简的感觉，在这部作品中体现得最为强烈。当时作者和家人的生活并非顺遂，但在母亲看来，哪怕生活在荒野，也不能将就过日子。一次她干完农活回家，变魔术似的从怀里掏出了一束野花，养在矿泉水瓶里，花开了好几天都不败。在干涸无际的大地，没人知道她在哪儿采撷的花朵，也许在善于发现和热爱美好的人的眼里，无处不是春天。在荒野生活的日子很苦，在文字中，我只看到了阿勒泰迷人的风光、邻里间的和睦亲情，她好像时刻在告诉我，"去新疆看看吧，这里真的很美"，是戈壁滩，是向日葵地，是羊群，是温暖，是满足，是平淡中的美好，是洞穴中的冬眠，是尘埃里的蓬勃生长。

旅行有两种方式，一种是用脚，一种是用脑。逃不开现实的生活，走不出家门，那么读一读李娟的书，也像是走了很远很远的路了。就在如此清澈宁静的文字中，也同样可以体会到大山里的阳光，体会到漫山遍野的花与草与树，体会到诗与远方。有点遗憾，怎么这么晚才遇到这些好书，但是幸好，终究还是遇到了。好书就想推荐给爱读书的人，希望沉浸于日常烟火中的你，也和我一样，有些许片刻的时间可以逃离现实，享一刹那浅淡的温柔时光，将我们的心交给大自然，倾听一下大自然弹奏出的美好乐章——哪怕只是在书里。

"风是透明的河流，雨是冰凉的流星，只有我最简陋，最局促。"

她的文字干干净净，有风吹过——在阿勒泰的角落……

孤岛——读《百年孤独》有感
余曾祯

"多年以后，面对行刑队，奥雷里亚诺·布恩迪亚上校将会回想父亲带他去见识冰块的那个遥远的下午。"

刚开始，我以为《百年孤独》是一本充满哲理的书，但当我读到第一句话，宿命感、故事性、时空的混乱感就把我牢牢抓住了。当我翻完了最后一页，我感觉自己也熬过了百年的时光。

"没有人是一座孤岛"，当我看过布恩迪亚家族的历史、马孔多的历史，我感到只有孤岛永恒。人是这样，大地也是这样。

"孤独"在中国文学中并不是一个罕见的词汇，但是当我追忆起每一句关于孤独的古诗词，都没有办法和马孔多建立任何的联系。弥漫着湿润气息的香蕉林、灰白肮脏泡沫翻腾的大海、滚动百年终因磨损而停下的车轮、摆放有欧洲蕨和秋海棠的长廊，一切的一切，都涂着浓郁艳丽的异域色彩，但不管油墨再浓厚，都盖不住百年前梅尔基亚德斯淡淡描下的底色的悲凉。

马尔克斯不煽情，不停顿，用看似不着感情的讲述。把人一点一点压往绝望的大海底部，把人淹没在无法诉说的悲伤里。

奥雷里亚诺上校那融了又做、做了又融的小金鱼，阿玛兰妲那织了又拆、拆了又织的寿衣，庇拉尔·特尔内拉那算了一个世纪的重复的牌戏，好像都在用有形的方式，记录下这仿佛从未过去的一百年。没有人可以重新按下时间的启动键，想念丽贝卡的乌尔苏拉不行，互换身份的双胞胎兄弟不行，想给新生儿取名为罗德里戈的阿玛兰妲·乌尔苏拉也不行。因为早在何塞·阿尔卡蒂奥·布恩迪亚被绑在树上以前，他就知道，"今天还是星期一"。

好像没有其他文字可以诠释《百年孤独》，因为马孔多是孤独的、循环的、飓风后不留痕迹的。

循环是最魔幻的现实。但马尔克斯终其一生都不承认自己是魔幻现实主义作家："现实才是最伟大的作家，我做的只不过是对现实拙劣的抄袭和模仿。"于是我们便把目光从马孔多上移开，投到拉丁美洲这片土地。

只有魔幻的现实才能孕育出魔幻现实主义。马尔克斯在《番石榴飘香》里提过，《百年孤独》就是拉丁美洲的缩影，甚至可以说是他的国家哥伦比亚的故事。

"我们离上帝太远，却离美国太近"，从拉美民间谚语中，可见美国如何借着拉美的土地养育自己的资本，如何让拉美沦为自己的后院。我以为吃土、吃蚯蚓、吃墙皮的丽贝卡是魔幻的一种形式，但那就是拉美孩子在殖民压迫下的实际情况。我以为那场下了四年十一个月零两天的雨是魔幻，但那就是联合果品公司杀害工人并抹掉证据的故事。美人儿蕾梅黛丝随床单飞升上天，带走了拉美人民再也追求不到的纯粹与自由。被子弹击穿的奥雷里亚诺17个儿子额上的灰烬十字，是每天平均五小时出现一具新尸体的真实记录。

布恩迪亚家族里，祖祖辈辈重复使用同一个名字，代表整个家族就是在一种循环之中。重复，不仅是《百年孤独》的大主题，更是那时整个拉丁美洲的黑暗命运，"世界仿佛在原地转圈"。

但真正让孤岛成为孤岛的，是忘记。当马孔多的所有人都得了失眠症，坐在门前，无法想起从哪儿来的，现在在干什么，要去哪儿，这是最孤独的时候。

"三千人！你要记住，那是三千人！""三千"是马尔克斯对遗忘的反攻。在抗议的工人被联合果品公司全部杀害时，这一历史事件差点儿就被当时的官方一手抹掉。官方用死去9人的谎言扭曲了现实，而马尔克斯用"三千"则是魔幻对现实的反攻。在《百年孤独》出版以前，许多人并不知晓这一事件，也不知道他们的国家居然还有这样的历史，《拉丁美洲被切开的血管》一书，也成了一时的禁书。因为马尔克斯，当地的教科书用"三千"记录下了这段历史。"三千"可能并不是这段历史死去的人的准确数字，但这意味着历史可以被改写，永远没有人会确切知道到底死了多少人。

《番石榴飘香》中写道："拉丁美洲的历史，是一系列代价而徒劳的奋斗集合，是一幕幕事先要注定被人遗忘的戏剧集合，至今在我们中间健忘症仍然存在，只要时过境迁，谁也不会记得香蕉工人横遭屠杀的惨案，谁也不会想起奥雷里亚诺上校。"

但孤岛不会永远是孤岛。"羊皮卷上所载一切自永远至永远不会再重复，因为注定经受百年孤独的家族不会有第二次机会在大地上出现"，这样的结尾正如鲁迅先生所说："没吃过人的孩子，或许还有？救救孩子！"在漫长的历史里，我们相信也确信，拉美的历史不会再有机会出现在这片大地上。

多年之后，面对《百年孤独》，我将会回想起黄色蝴蝶、食人的红蚂蚁、蝎子和那场飓风。

我读《   》的感悟：

_____

_____

_____

_____

附 录

参考答案

学而时习之

句读分明

有子曰："其为人也孝弟，而好犯上者，鲜矣；不好犯上，而好作乱者，未之有也。君子务本，本立而道生。孝弟也者，其为仁之本与！"

【译文】有子说："孝顺父母，顺从兄长，而喜好触犯上层统治者，这样的人是很少见的；不喜好触犯上层统治者，而喜好造反的人是没有的。君子专心致力于根本的事务，根本建立了，治国做人的原则也就有了。孝顺父母、顺从兄长，这就是仁的根本啊！"

字字落实

【译文】孔子说："弟子们在父母跟前，就孝顺父母，出门在外，要顺从师长，言行要谨慎，要诚实可信，寡言少语，要广泛地去爱众人，亲近那些有仁德的人。这样躬行实践之后，还有余力的话，就再去学习文化知识。"

名理思辨

1."学"应该是指实践，如果不认真严肃，那么他的行为、实践便不会真正牢固，便不能"一步一个脚印"地扎实前进，而别人也不会信任、尊敬他。

2.该庄重的时候庄重，该威严的时候威严，生活是丰富多彩的，人类也不是单面性的。跟不同的人学习，才能取长补短。

成语经典

1.【行有余力】——做了事情以后，还有剩余的精力和时间。

【译文】孔子说："弟子们在父母跟前，就孝顺父母；出门在外，要顺从师长，言行要谨慎，要诚实可信，寡言少语，要广泛地去爱众人，亲近那些有仁德的人。这样躬行实践之后，还有余力的话，就再去学习文化知识。"

2.【言而有信】——说话靠得住，有信用。

【译文】子夏说："一个人能够看重贤德而不以女色为重；侍奉父母，能够竭尽全力；服侍君主，能够献出自己的生命；同朋友交往，说话诚实，恪守信用。这样的人，尽管他自己说没有学习过，我一定说他已经学习过了。"

3.【敏于事，慎于言】——敏：奋勉，慎：小心。办事勤勉，说话谨慎。

【译文】孔子说："君子，饮食不求饱足，居住不要求舒适，对工作勤劳敏捷，说话却小心谨慎，到有道的人那里去匡正自己，这样可以说是好学了。"

4.【贫而乐道】家境贫穷，却以获得知识、懂得道理为乐事。

【告往知来】——告诉了这一点，就可以知道另一点。比喻能明了事物的因果同异的关系，据此知彼。

【译文】子贡说："贫穷而能不谄媚，富有而能不骄傲自大，怎么样？"孔子说："这也算可以了。但是还不如虽贫穷却乐于道，虽富裕而又好礼之人。"子贡说："《诗》上说：'要像对待骨、角、象牙、玉石一样，切磋它，琢磨它。'就是讲的这个意思吧？"孔子说："赐呀，你能从我已经讲过的话中领会到我还没有说到的意思，举一反三，我可以同你谈论《诗》了。"

温故而知新

句读分明

孟懿子问孝。子曰："无违。"樊迟御，子告之曰："孟孙问孝于我，我对曰，无违。"樊迟曰："何谓也？"子曰："生，事之以礼；死，葬之以礼，祭之以礼。"

【译文】孟懿子问什么是孝。孔子说："孝就是不要违背礼。"后来樊迟给孔子驾车，孔子告诉他："孟孙问我什么是孝，我回答他说，不要违背礼。"樊迟说："不要违背礼是什么意思呢？"孔子说："父母活着的时候，要按礼侍奉他们；父母去世后，要按礼埋葬他们、祭祀他们。"

【评析】孔子极其重视孝，要求人们对自己的父母尽孝道，无论他们在世或去世，都应如此。但这里着重讲的是，尽孝时不应违背礼的规定，否则就不是真正的孝。可见，孝不是空泛的、随意的，必须受礼的规定，依礼而行就是孝。

字字落实

1.【译文】季康子问道："要使老百姓对当政的人尊敬、尽忠而努力干活，该怎样去做呢？"孔子说："你用庄重的态度对待老百姓，他们就会尊敬你；你对父母孝顺、对子弟慈祥，百姓就会尽忠于你；你选用善良的人，又教育能力差的人，百姓就会互相勉励、加倍努力了。"

2.【译文】子张要学谋取官职的办法。孔子说："要多听，有怀疑的地方先放在一旁不说，其余有把握的，也要谨慎地说出来，这样就可以少犯错误；要多看，有怀疑的地方先放在一旁不做，其余有握的，也要谨慎地去做，就能减少后悔。说话少过失，做事少后悔，官职俸禄就在这里了。"

名理思辨

孝不是一种形式，不等同于养狗养马。任何一种爱，都需要投入感情，何况是爱自己的父母呢？

成语经典

1.【众星拱北】天上众星拱卫北辰。旧指有德的国君在位，得到天下臣民的拥戴。后也比喻受众人拥戴的人。

【译文】孔子说："（周君）以道德教化来治理政事，就会像北极星那样，自己居于一定的方位，而群星都会环绕在它的周围。"

2.【举直措枉】——举：选拔，任用；直：笔直，比喻正直的人；措：废置，罢黜；枉：弯曲，比喻邪恶的人。选用贤者，罢黜奸邪。

【译文】鲁哀公问："怎样才能使百姓服从呢？"孔子回答说："把正直无私的人提拔起来，把邪恶不正的人置于一旁，老百姓就会服从了；把邪恶不正的人提拔起来，把正直无私的人置于一旁，老百姓就不会服从统治了。"

3.【人而无信，不知其可】——信：信用；其：那；可：可以，行。一个人不讲信用，真不知道怎么能行。指人不讲信用是不行的。

【译文】孔子说："一个人不讲信用，是根本不可以的。就好像大车没有輗、小车没有軏一样，它靠什么行走呢？"

4.【见义勇为】——看到正义的事，就勇敢地去做。

【译文】孔子说："不是你应该祭的鬼神，你却去祭它，这就是谄媚。见到应该挺身而出的事情，却袖手旁观，就是怯懦。"

尽善尽美

句读分明

定公问："君使臣，臣事君，如之何？"孔子对曰："君使臣以礼，臣事君以忠。"

【译文】鲁定公问孔子："君主怎样使唤臣下，臣子怎样侍奉君主呢？"孔子回答说："君主应该按照礼的要求去使唤臣子，臣子应该以忠心来侍奉君主。"

字字落实

【译文】仪这个地方的长官请求见孔子，他说："凡是有道德有学问的人到这里来，我从没有见不到的。"孔子的随从学生引他去见了孔子。他出来后（对孔子的学生们）说："你们几位何必为没有官位而发愁呢？天下黑暗的日子已经很久了，上天将以孔夫子为圣人来号令天下。"

明理思辨

尽善尽美，是孔子对于诗文音乐的一种追求，即既要有内容的生动丰富，又要有形式的恰切、生动。今天的很多文艺作品，甚至连尽善都谈不上，更别妄论尽美了。我们应该对没有美、没有善的烂俗作品说不。今天，尽善尽美也变成了一种更广泛意义上的完美标准，我们做任何事情，如果都能将其作为一种追求的境界，或许我们会得到更多愉悦感受。

成语经典

1.【是可忍，孰不可忍】——是：这个；孰：那个。如果这个都可以容忍，还有什么不可容忍的呢？意思是绝不能容忍。

【译文】孔子谈到季氏，说："他用六十四人在自己的庭院中奏乐舞蹈，这样的事他都忍心去做，还有什么事情不可狠心做出来呢？"

2.【了如指掌】【了若指掌】【如指诸掌】——了：明白；指掌：指着手掌。形容对事物了解得非常清楚，像把东西放在手掌里给人家看一样。

【译文】有人问孔子关于举行禘祭的规定。孔子说："我不知道。知道这种规定的人，对治理天下的事，就会像把这东西摆在这里一样（容易）吧！"（一面说一面）指着他的手掌。

3.【成事不说】——说：解说。原指事情已成，不要再解说；后指事情已过，不要再解说。

【不咎既往】——咎：责怪。原指已经做完或做过的事，就不必再责怪了。现指对以往的过错不再责备。

【译文】鲁哀公问宰我，土地神的神主应该用什么树木。宰我回答："夏朝用松树，商朝用柏树，周朝用栗子树。用栗子树的意思是说使老百姓战栗。"孔子听到后说："已经做过的事不用提了，已经完成的事不用再去劝阻了，已经过去的事也不必再追究了。"

4.【告（gù）朔饩（xì）羊】——原指鲁国自文公起不亲到祖庙告祭，只杀一只羊应付一下。后比喻照例应付，敷衍了事。

【爱礼存羊】——由于爱惜古礼，不忍使它废弛，因而保留古礼所需要的祭羊。比喻为维护根本而保留有关仪节。

【译文】子贡提出去掉每月初一日告祭祖庙用的活羊。孔子说："赐，你爱惜那只羊，我却爱惜那种礼。"

里仁为美

句读分明

　　子曰："我未见好仁者，恶不仁者。好仁者，无以尚之；恶不仁者，其为仁矣，不使不仁者加乎其身。有能一日用其力于仁矣乎？我未见力不足者。盖有之矣，我未之见也。"

　　【译文】孔子说："我没有见过爱好仁德的人，也没有见过厌恶不仁的人。爱好仁德的人，是不能再好的了；厌恶不仁的人，在实行仁德的时候，不让不仁德的人影响自己。有能一天把自己的力量用在实行仁德上吗？我还没有看见力量不够的。这种人可能还是有的，但我没见过。"

字字落实

　　【译文】孔子说："富裕和显贵是人人都想要得到的；但不用正当的方法得到它，就不会去享受的；贫穷与低贱是人人都厌恶的；但不用正当的方法去摆脱它，就不会摆脱的。君子如果离开了仁德，又怎么能叫君子呢？君子没有一顿饭的时间背离仁德的，就是在最紧迫的时刻也必须按照仁德办事，就是在颠沛流离的时候，也一定会按仁德去办事的。"

明理思辨

　　因为你是我父母，你要犯错，我也没有办法，但是我要告诉你，这是不对的。这种孝道的精神，也并不是说父母一定是对的，只是说如果有不对的地方，要温和劝导，即使反抗也要有个限度。总之，父母有不对的地方，应该把道理明白告诉他，可是自己是父母所生的，所养育的，必要时只好为父母牺牲，就是这个原则。毕竟父母与子女之间的关系非同一般。

成语经典

1.【朝闻夕死】——早晨闻道，晚上死去。形容对真理或某种信仰追求的迫切。

【译文】孔子说："早晨领悟了真理，就是当天晚上死去也心甘。"

2.【恶衣恶食】——恶：粗劣的。指粗劣的衣服和食物。

【译文】孔子说："士有志于（学习和实行圣人的）道理，但又以自己吃穿得不好为耻辱，对这种人，是不值得与他谈论道的。"

3.【讷言敏行】——讷言：说话谨慎；敏：敏捷。指说话谨慎，办事敏捷。

【译文】孔子说："君子说话要谨慎，而行动要敏捷。"

4.【观过知仁】——察看一个人所犯过错的性质，就可以了解他的为人。

【译文】孔子说："人们的错误，总是与他那个团体的人所犯错误性质是一样的。所以，考察一个人所犯的错误，就可以知道他没有仁德了。"

5.【一以贯之】——贯：贯穿。用一个根本性的事理贯通事情的始末或全部的道理。

【译文】孔子说："参啊！我讲的道是由一个基本的思想贯彻始终的。"曾子说："是。"孔子出去之后，同学便问曾子："这是什么意思？"曾子说："老师的道，就是忠恕罢了。"

仁而不佞

句读分明

子张问曰："令尹子文三仕为令尹，无喜色；三已之，无愠色。旧令尹之政，必以告新令尹。何如？"子曰："忠矣。"曰："仁矣乎？"曰："未知。焉得仁？""崔子弑齐君，陈文子有马十乘，弃而违之。至于他邦，则曰：'犹吾大夫崔子也。'违之。之一邦，则又曰：'犹吾大夫崔子也。'违之，何如？"子曰："清矣。"曰："仁矣乎？"曰："未知，焉得仁？"

【译文】子张问孔子说："令尹子文几次做楚国宰相，没有显出高兴的样子，几次被免职，也没有显出怨恨的样子。（他每一次被免职）一定把自己的一切政事全部告诉给来接任的新宰相。你看这个人怎么样？"孔子说："可算得上是忠了。"子张问："算得上仁了吗？"孔子说："不知道。这怎么能算得上仁呢？"（子张又问）"崔杼杀了他的君主齐庄公，陈文子家有四十匹马，都舍弃不要了，离开了齐国，到了另一个国家，他说，这里的执政者也和我们齐国的大夫崔子差不多，就离开了。到了另一个国家，又说，这里的执政者也和我们的大夫崔子差不多，又离开了。这个人你看怎么样？"孔子说："可算得上清高了。"子张说："可说是仁了吗？"孔子说："不知道。这怎么能算得上仁呢？"

字字落实

【译文】孔子说："花言巧语，装出好看的脸色，摆出逢迎的姿势，低三下四地过分恭敬，左丘明认为这种人可耻，我也认为可耻。把怨恨装在心里，表面上却装出友好的样子，左丘明认为这种人可耻，我也认为可耻。"

明理思辨

【译文】颜渊、子路两人侍立在孔子身边。孔子说："你们何不各自说说自己的志向？"子路说："愿意拿出自己的车马、衣服、皮袍，同我的朋友共同使用，用坏了也不抱怨。"颜渊说："我愿意不夸耀自己的长处，不把自己的烦恼痛苦放在别人身上。"子路对孔子说："愿意听听您的志向。"孔子说："（我的志向是）让年老的安心，让朋友们信任我，让年轻的子弟们得到关怀。"

示例：子路曰："愿车马衣轻裘，与朋友共，敝之而无憾。"这完全代表了子路的个性。子路是很有侠气的一个人，胸襟很开阔。他说，我要发大财，家里有几百部车，冬天有好的皮袍、大衣穿，还有其他很多富贵豪华的享受。但不是为自己一个人，希望所有认识我的人，没有钱，问我要；没饭吃，我请客；没房子，我给他住。气魄大！唐代诗人杜甫也有两句名诗说："安得广厦千万间，大庇天下寒士俱欢颜。"就是子路这个志愿的翻版。而子路的是侠义思想，气魄很大，"与朋友共"的道义思想，绝不是个人享受。（豪侠之志）

颜渊的道德修养非常高，与季路完全是两个典型。他说，我希望有最好的道德行为、最好的道德成就，对于社会虽有善行贡献，却不骄傲。英雄能够征服天下，不能克制自己；圣贤不想征服天下，只想征服自己。所以圣贤比英雄还要难。换句话说，英雄可以施劳，把自己的理想建筑在别人的烦恼、痛苦上。圣贤则不想把自己的烦恼、痛苦放在别人的肩膀上，而想担起天下人的烦恼与痛苦。所以颜渊讲"无施劳"，就是说不要把自己的烦恼痛苦放在别人身上，这是颜渊的所谓"仁者之言"。（仁者之志）

子曰："老者安之，朋友信之，少者怀之。" 圣人之志，岂不就是要实现世界大同的理想吗？ 孔子立志的主张，可分为个人理想和社会理想两个方面。在孔子其时，个人理想，他倡导做君子，做一个道德高尚的人；社会理想，孔子追求一个和谐的社会。孔子的这一社会理想，在上述讨论中，有明确的表述。显然，孔子追求的是实现一个充满仁德，十分和谐的社会。老人需要安逸，朋友需要信任，青少年需要关怀。孔子之志既是了解社会心理的反映，又提出了现实社会需要解决的问题。以他曾任司寇而兼摄相国的经历，以他周游列国的见闻感触，这种对理想的概括，是有的放矢，且可为后世之鉴的。由此可见，孔子言志只言社会理想这个高层次，对他的学生具有立大志的引导意义，也表明孔子倡导人们要树立社会理想的德育观是站得高、看得远，深具社会哲理的。（圣人之志）

成语经典

1.【敏而好学】——敏：聪明；好：喜好。天资聪明而又好学。

【不耻下问】——乐于向学问或地位比自己低的人学习，而不觉得不好意思。

【译文】子贡问道："为什么给孔文子一个'文'的谥号呢？"孔子说："他聪敏勤勉而好学，不以向比他地位卑下的人请教为耻，所以给他谥号叫'文'。"

2.【闻一知二】【闻一知十】——听到一点就能理解很多。形容善于类推。

【译文】孔子对子贡说："你和颜回两个相比，谁更好一些呢？"子贡回答说："我怎么敢和颜回相比呢？颜回他听到一件事就可以推知十件事；我呢，知道一件事，只能推知两件事。"孔子说："是不如他呀。我同意你说的，是不如他。"

3.【朽木不雕】【朽木难雕】【朽木不可雕】——腐烂的木头无法雕刻。比喻人不可造就或事物和局势败坏而不可救药。

【朽木粪土】【朽木粪墙】——朽木：烂木头；粪土：脏土臭泥。比喻不堪造就、对社会没有用处的人。

【译文】宰予白天睡觉。孔子说："腐朽的木头无法雕刻，粪土垒的墙壁无法粉刷。对于宰予这个人，责备还有什么用呢？"孔子说："起初我对于人，是听了他说的话便相信了他的行为；现在我对于人，听了他讲的话还要观察他的行为。在宰予这里我改变了观察人的方法。"

4.【善与人交】——善于与别人交朋友。

【译文】孔子说："晏平仲善于与人交朋友，相识久了，别人仍然尊敬他。"

5.【三思而行】【三思而后行】——三：再三，表示多次。指经过反复考虑，然后再去做。

【译文】季文子每做一件事都要考虑多次。孔子听到了，说："考虑两次也就行了。"

6.【斐然成章】——斐、章：文采。形容文章富有文采，很值得看。

【译文】孔子在陈国说："回去吧！回去吧！家乡的学生有远大志向，但行为粗率简单；有文采但还不知道怎样来节制自己。"

人之生也直

句读分明

子华使于齐，冉子为其母请粟。子曰："与之釜。"请益。曰："与之庾。"冉子与之粟五秉。子曰："赤之适齐也，乘肥马，衣轻裘。吾闻之也：君子周急不继富。"

【译文】子华出使齐国，冉求替他的母亲向孔子请求补助一些谷米。孔子说："给他六斗四升。"冉求请求再增加一些。孔子说："再给他二斗四升。"冉求却给他八十斛。孔子说："公西赤到齐国去，乘坐着肥马驾的车子，穿着又暖和又轻便的皮袍。我听说过，君子只是周济急需救济的人，而不周济富人。"

字字落实

【译文】孔子说："质朴胜过文采，就显得粗野，文采胜过质朴，就显得虚浮。文采和质朴兼备，然后才能成为君子。"

明理思辨

【译文】子贡说："假若有一个人，他能给老百姓很多好处又能周济大众，怎么样？可以算是仁人了吗？"孔子说："岂止是仁人，简直是圣人了！就连尧、舜尚且难以做到呢。至于仁人，就是要想自己站得住，也要帮助人家一同站得住；要想自己过得好，也要帮助人家一同过得好。凡事能就近以自己作比，而推己及人，可以说就是实行仁的方法了。"

示例：可行。中国人向来长于独善其身，不论其自私的心态，严格要求自己总是好的。但是要求得成功，先得让别人成功，则更上升了一个层次。曾有一个外来直销企业的销售链，他们的企业口号类似于此。在该企业中，要让自己成功，则必须帮助自己销售环中的其他人成功获利。环环相套，每个人的切身利益都离不开对别人的帮助。这样的销售模式，无疑是一个很有益的启示。且不论其中的利益关系，这样"必须帮助别人"的运作方式，就是对中国人传统思维的一个挑战。"各人自扫门前雪，莫管他家瓦上霜"的时代似乎已经过去。尽管现今社会，每一个人还是小心翼翼地保持着和他人的关系，但合作和互动已是不可避免的现状。千百年来，中国人太过故步自封，保守冷漠，只求自己踩在别人肩膀上成功，实不可取。

示例：不可行。当今社会竞争激烈，很多时候快节奏的生活已经压得我们喘不过气来，在自顾不暇的时候，我们如何去"立人""达人"？"己欲立而立人，己欲达而达人"无疑是和谐生活的一种高层次的要求，是一种美好的理想，这种美好的理想只有在社会大同的前提下，有圣人的至高修养才能做到。

这句话的含义，事实上应该归于道德问题，或至少是一种中国人的为人处世哲学问题。师范类学校经常用一句话作为校训："学高为师，身正为范"，强调自身的修为和素质，从而以自己为辐射点，影响周遭的人群。类似于"修身齐家平天下"的范畴。从自身出发，严格要求自己，进而影响和教育他人，这一向是中国人的思想体现。

而"己欲立而立人，己欲达而达人"这句话所折射出的哲学思想，则带有更多的"仁"在其中。相较于另一句更有名的古训"己所不欲，勿施于人"，"己欲立而立人，己欲达而达人"正是从与之相对的对立面来论证了这个更加深刻、难度也更大的道德问题。

至于"己欲达而达人"，则更是在观念层面上的高度要求。浮躁的社会给了我们太少的时间思考，太少的时间去关注别人。即使从未身为教育者，在日常的生活中我也可以发现，青少年们纠结呐喊着"求理解"，却从未真正想过要去深入了解别人的观点，从而使得自己被理解。我们往往有时间泡在网上，一篇一篇地写灌水日志，却没有时间去了解历史人物的思想精髓，没有时间了解父母长辈的经验认识，甚至没有时间去了解老师的上课内容。这样的生活方式，如何使得别人了解自己？甚至于自己都未曾了解过自己，又如何实现"己欲达"的目的？

尽管"和谐"一词已经用滥，但是"己欲立而立人，己欲达而达人"无疑是和谐生活的一种高层次的要求，也应该是现今道德教育中应该广泛注意的方面。

成语经典

1.【行不贰过】——指犯过的错误不再犯。

【迁怒于人】——受甲的气向乙发泄或自己不如意时拿别人出气。

【译文】鲁哀公问孔子："你的学生中谁是最好学的呢？"孔子回答说："有一个叫颜回的学生好学，他从不迁怒于别人，也从不犯同样的过错。不幸短命死了。现在没有那样的人了，没有听说谁是好学的。"

2.【一箪一瓢】——一箪食物，一瓢饮料。形容读书人安于贫穷的清高生活。

【陋巷箪瓢】——陋：简陋，窄小；箪：古代盛饭用的圆形竹器。住在陋巷里，用箪吃饭，用瓢喝水。

【不改其乐】——不改变自有的快乐。指处于困苦的境况仍然很快乐。

【不堪其忧】——忧：愁苦。不能忍受那样的愁苦。

【译文】孔子说："颜回的品质是多么高尚啊！一箪饭，一瓢水，住在简陋的小屋里，别人都忍受不了这种穷困清苦，颜回却没有改变他好学的乐趣。颜回的品质是多么高尚啊！"

3.【乐山乐水】——乐：喜爱，爱好。有人喜爱山，有人喜爱水。比喻各人的爱好不同。

【译文】孔子说："聪明人喜爱水，有仁德者喜爱山；聪明人活动，仁德者沉静。聪明人快乐，有仁德者长寿。"

4.【敬而远之】——表面上表示尊敬，实际上不愿接近。也用作不愿接近某人的讽刺话。

【译文】樊迟问孔子怎样才算是智。孔子说："专心致力于（提倡）老百姓应该遵从的道德，尊敬鬼神但要远离它，就可以说是智了。"樊迟又问怎样才是仁。孔子说："仁人对难做的事，做在人前面，有收获的结果，他得在人后，这可以说是仁了。"

诲人不倦

句读分明

子曰："圣人，吾不得而见之矣；得见君子者，斯可矣。"子曰："善人，吾不得而见之矣；得见有恒者，斯可矣。亡而为有，虚而为盈，约而为泰，难乎有恒矣。"

【译文】孔子说："圣人，我是不可能看到了，能看到君子，这就可以了。"孔子又说："善人，我不可能看到了，能见到始终如一（保持好的品德的）人，这也就可以了。没有却装作有，空虚却装作充实，穷困却装作富足，这样的人是难于有恒心（保持好的品德）的。"

字字落实

【译文】孔子说："只是恭敬而不以礼来指导，就会徒劳无功；只是谨慎而不以礼来指导，就会畏缩拘谨；只是勇猛而不以礼来指导，就会说话尖刻。在上位的人如果厚待自己的亲属，老百姓当中就会兴起仁的风气；君子如果不遗弃老朋友，老百姓就不会对人冷漠无情了。"

明理思辨

【译文】曾子说："士人不能不刚强而有毅力，因为他责任重大，道路遥远。把实现仁作为自己的责任，难道还不重大吗？奋斗终身，直到死时才停止，难道路程还不遥远吗？"

示例：如果一个读书人虽然饱读诗书但没有坚强的意志，狭隘的心胸遇到困难时就会中途退缩。做事没有自己的意见和原则，那他就是一个懦弱无能的人。试想，一个懦弱无能的人怎能为国家、为社会承担起应尽的责任？这样的责任沉重而久远，这是由心中怀着坚强意志的读书人实践仁道理想决定的。孔子所讲的仁道，精神就在于以仁爱的态度来对待国家、社会和别人，为此就要承担起救世救人的责任。而曾子在进行仁德教育的同时，特别强调人生的理想和坚定的意志。要想承担对国家、社会与家庭的责任，必须要有"弘毅"。读书人必须有远大的抱负和坚强的意志，因为他对社会责任重大，要走的路很长。弘毅就是抱负远大，意志坚强。对一个想要有所作为的人来说，远大的抱负、坚强的意志，是缺一不可的。

曾子的这两句名言后来就演化成了中国儒家人格中的所谓"天下兴亡，匹夫有责"。换一种表述就是"穷则独善其身，达则兼济天下"。一个人在显达的时候能以天下为己任，而在困窘之时还不放弃个人修养，还能心怀天下，这就是君子所为了。在孔子之后，中国古代有许多名士自己穷极潦倒的时候，还念念不忘苍生黎民。

诗圣杜甫在自己的茅屋仅能容身，破败漏雨之时，他想的却是"安得广厦千万间，大庇天下寒士俱欢颜"；范仲淹认为一个士人不论是"居庙堂之高"还是"处江湖之远"，都应该系念天下君民，都应当"先天下之忧而忧，后天下之乐而乐"。这样博大的胸怀与这样高远的志向，都是源自于孔子的《论语》和曾子的"士不可以不弘毅,任重而道远"。

成语经典

1.【述而不作】——述:阐述前人学说;作:创作。指只叙述和阐明前人的学说,自己不创作。

【信而好古】——信:相信;好:爱好。相信并爱好古代的东西。

【爱素好古】——指爱好朴质,不趋时尚。《老子》:"见素抱朴,少私寡欲。"

【译文】孔子说:"只阐述而不创作,相信而且喜好古代的东西,我私下把自己比作老彭。"

2.【不愤不启】——愤:心里想弄明白而还不明白;启:启发。指不到学生们想弄明白而还没有弄明白时,不去启发他。

【不悱不发】——悱:心里想说而说不出来;发:启发。指不到学生想说而说不出来时,不去启发他。

【举一反三】——反:类推。比喻从一件事情类推而知道其他许多事情。

【一举三反】——指善于推理,能由此及彼。

【一隅三反】——从一件事物的情况、道理类推而知道许多事物的情况、道理。

【译文】孔子说:"教导学生,不到他想弄明白而不得的时候,不去开导他;不到他想说出来却说不出来的时候,不去启发他。教给他一个方面的东西,他却不能由此而推知其他几个方面的东西,那就不再教他了。"

3.【用行舍藏】——任用就出来做事,不得任用就退隐。这是早时世大夫的处世态度。

【一虎不河】——原指空手搏虎,徒步渡河。比喻有勇无谋,冒险行事。后在元剧中比喻不顾一切。源自《诗经·小雅·小旻》:"不敢暴虎,不敢冯河;人知其一,莫知其他。"

【暴虎冯河】——暴虎:空手搏虎;冯河:涉水过河。比喻有勇无谋,鲁莽冒险。源自《诗经·小雅·小旻》:"不敢暴虎,不敢冯河。人知其一,莫知其他。"

【死而无悔】——就是死了也不懊悔。形容态度坚决。

【临事而惧】——临：遭遇，碰到；惧：戒惧。遇事谨慎戒惧。

【译文】孔子对颜渊说："用我呢，我就去干；不用我，我就隐藏起来，只有我和你才能做到这样吧。"子路问孔子说："老师您如果统帅三军，那么您和谁在一起共事呢？"孔子说："赤手空拳和老虎搏斗，徒步涉水过河，死了都不会后悔的人，我是不会和他在一起共事的。我要找的，一定要是遇事小心谨慎，善于谋划而能完成任务的人。"

4.【犯而不校】——犯：触犯；校：计较。受到别人的触犯或无礼也不计较。

【译文】曾子说："自己有才能却向没有才能的人请教，自己知识多却向知识少的人请教；有学问却像没学问一样，知识很充实却好像很空虚，被人侵犯却也不计较。从前我的朋友就这样做过了。"

君子坦荡荡

句读分明

曾子有疾，孟敬子问之。曾子言曰："鸟之将死，其鸣也哀；人之将死，其言也善。君子所贵乎道者三：动容貌，斯远暴慢矣；正颜色，斯近信矣；出辞气，斯远鄙倍矣。笾豆之事，则有司存。"

【译文】曾子有病，孟敬子去看望他。曾子对他说："鸟快死了，它的叫声是悲哀的；人快死了，他说的话是善意的。君子所应当重视的道有三个方面：使自己的容貌庄重严肃，这样可以避免粗暴、放肆；使自己的脸色一本正经，这样就接近于诚信；使自己说话的言辞和语气谨慎小心，这样就可以避免粗野和悖理。至于祭祀和礼节仪式，自有主管这些事务的官吏来负责。"

字字落实

【译文】孔子说："如果说到圣与仁，那我怎么敢当！不过（向圣与仁的方向）努力而不感厌烦地做，教诲别人也从不感觉疲倦，则可以这样说的。"

公西华说："这正是我们学不到的。"

明理思辨

【译文】孔子说："奢侈了就会越礼，节俭了就会寒酸。与其越礼，宁可寒酸。"

示例：这里的奢说的不单单是物质生活上的奢侈，还指更加广义上的思想层面的奢侈，诸如吹牛、说大话、出风头等等。

这里说的俭，不单单是物质层面的节俭，还有更广泛的含义，那就是思想层面的保守、慎重、不马虎，不随意将自己全部暴露在别人视线之下等等，就是更加脚踏实地，更加踏实，随时随地都能给自己留一线，使得自己有个退身之步。

孔子说一个人如果奢侈了，那么就会容易桀骜不驯，不守规矩；而一个人如果俭省，那么就难免因循保守，错过一些很好的机会，或许不会有太大的建树。

他说"与其不孙也，宁固"。就是说做人与其开放得过分了，还不如保守一点儿好。保守一点儿虽然成功机会不多，但绝不会大失败；而开放的人成功机会多，失败机会也同样多。

这便是孔子的中庸思想了，这个思想也影响了中国好几千年，一直到现在都是如此。

其实不管你是在政府机关还是在私人企业里工作，抑或自己当老板做生意，只要是和人打交道，这个思想都在或多或少影响着你的行为。

所有人都知道"枪打出头鸟"，更加知道"一山更比一山高"。如果你开放得过了，就成了自己这一群中的出头鸟，早晚会遭殃，一人之力哪里抵得上众人之力呢？如果你真的不惧，内心异常强大，不怕在自己的圈子里做个出头鸟，认为没有人能够战胜你，你可以像个皇帝一样高高在上，做个孤家寡人，可须知一山更比一山高，这个世界上一定还有另外一个人比你更强，到时候也许你会摔得更惨。

所以还是收敛保守一些的好！当然不作为那是不行的，因此说，做人最难的就是掌握那个开放与保守之间的尺度。

成语经典

1.【饮水曲肱】——形容清心寡欲、安贫乐道的生活。

【曲肱而枕】——肱：胳膊由肘到肩的部分，泛指胳膊。枕：枕着。枕着弯曲的胳膊睡。形容人生活恬淡，无忧无虑。

【乐在其中】——喜欢做某事，并在其中获得乐趣。

【富贵浮云】——意思是不义而富贵，对于我就像浮云那样轻飘。比喻把金钱、地位看得很轻。

【译文】孔子说："吃粗粮喝白水，弯着胳膊当枕头，乐趣也就在这中间了。用不正当的手段得来的富贵，对于我来讲就像是天上的浮云一样。"

2.【发愤忘食】——努力学习或工作，连吃饭都忘了。形容十分勤奋。

【乐以忘忧】——由于快乐而忘记了忧愁。形容非常快乐。

【不知老之将至】——不知道老年即将来临。形容人专心工作，心怀愉快，忘掉自己的衰老。

【译文】叶公向子路问孔子是个什么样的人，子路不答。孔子（对子路）说："你为什么不详说：他这个人，发愤用功，连吃饭都忘了，快乐得把一切忧虑都忘了，连自己快要老了都不知道，如此而已。"

3.【战战兢兢】——战战：恐惧的样子；兢兢：小心谨慎的样子。形容非常害怕而微微发抖的样子。也形容小心谨慎的样子。

【如临深渊】——临：靠近；渊：深水坑。如同处于深渊边缘一般。比喻存有戒心，行事极为谨慎。也形容小心谨慎的样子。

【如履薄冰】——履：践、踩在上面，像走在薄冰上一样。比喻行事极为谨慎，存有戒心。也形容小心谨慎的样子。

【译文】曾子有病，把他的学生召集到身边来，说道："看看我的脚！看看我的手（看看有没有损伤）！《诗经》上说：'小心谨慎呀，好像站在深渊旁边，好像踩在薄冰上面。'从今以后，我知道我的身体是不会再受到损伤了！弟子们！"

4.【笃信好学】——笃信：忠实地信仰。指对道德和事业抱有坚定的信心，勤学好问。

【译文】孔子说："坚定信念并努力学习，誓死守卫并完善治国与为人的大道。不进入政局不稳的国家，不居住在动乱的国家。天下有道就出来做官；天下无道就隐居不出。国家有道而自己贫贱，是耻辱；国家无道而自己富贵，也是耻辱。"

知者不惑

句读分明

子曰："法语之言，能无从乎？改之为贵。巽与之言，能无说乎？绎之为贵。说而不绎，从而不改，吾末如之何也已矣。"

【译文】孔子说："符合礼法的正言规劝，谁能不听从呢？但（只有按它来）改正自己的错误才是可贵的。恭顺赞许的话，谁能听了不高兴呢？但只有认真推究它（的真伪是非），才是可贵的。只是高兴而不去分析，只是表示听从而不改正错误，（对这样的人）我拿他实在是没有办法了。"

子疾病，子路使门人为臣。病间，曰："久 矣 哉/由 之 行 诈 也/无 臣 而 为 有 臣/吾 谁 欺/欺 天 乎/且 予 与 其 死 于 臣 之 手 也/无 宁 死 于 二 三 子 之 手 乎/且 予 纵 不 得 大 葬/予 死 于 道 路 乎？"

【译文】孔子患了重病，子路派了（孔子的）门徒去作孔子的家臣，（负责料理后事，）后来，孔子的病好了一些，他说："仲由很久以来就干这种弄虚作假的事情。我明明没有家臣，却偏偏要装作有家臣，我骗谁呢？我骗上天吧？与其在家臣的侍候下死去，我宁可在你们这些学生的侍候下死去，这样不是更好吗？而且即使我不能以大夫之礼来安葬，难道就会被丢在路边没人埋吗？"

字字落实

【译文】颜渊感叹地说："（对于老师的学问与道德），我抬头仰望，越望越觉得高；我努力钻研，越钻研越觉得不可穷尽。看着它好像在前面，忽然又像在后面。老师善于一步一步地诱导我，用各种典籍来丰富我的知识，又用各种礼节来约束我的言行，使我想停止学习都不可能，直到我用尽了我的全力。好像有一个十分高大的东西立在我前面。虽然我想要追随上去，却没有前进的路径了。"

明理思辨

示例1：孔子说："可以一起学习的人，未必都能学到道；能够学到道的人，未必能够坚守道；能够坚守道的人，未必能够随机应变。"每个人都有自己所擅长的，也有其不擅长的，韩愈曾说，"闻道有先后，术业有专攻"。每个人都不是完美的，不能面面俱到。

示例2：一个人有其专长，但不是有这样，就会缺失那样，每个人应该尽力让自己变得更加全面，因为这几者并不是相互冲突的，事物的发展是一个循序渐进的过程，我们要正视这种过程，不能一味地去否定。

成语经典

1.【斯文扫地】——斯文：指文化或文人；扫地：比喻名誉、信用、地位等完全丧失。指文化或文人不受尊重或文人自甘堕落。

【译文】孔子被匡地的人们所围困时。他说："周文王死了以后，周代的礼乐文化不都体现在我的身上吗？上天如果想要消灭这种文化，那我就不可能掌握这种文化了。上天如果不消灭这种文化，那么匡人又能把我怎么样呢？"

2.【空空如也】——空空：诚恳，虚心。原形容诚恳、虚心的样子。现形容一无所有。

【译文】孔子说："我有知识吗？其实没有知识。有一个乡下人问我，我对他谈的问题本来一点儿也不知道。我只是从问题的两端去问，这样对此问题就可以全部搞清楚了。"

3.【韫椟而藏】——把玉裹在匣子里藏起来。比喻怀才待用或怀才隐退。

【待价而沽】——沽：卖。等有好价钱才卖。比喻谁给好的待遇就替谁工作。

【善贾而沽】——贾：同"价"。善贾：好价钱；沽：出卖。等好价钱卖出。比喻怀才不遇，等有赏识的人再出来做事。也比喻有了肥缺，才肯任职。

【衒（xuàn）玉自售】——比喻自夸其才以求任用或信任。

【译文】子贡说："这里有一块美玉，是把它收藏在柜子里呢？还是找一个识货的商人卖掉呢？"孔子说："卖掉吧！卖掉吧！我正在等着识货的人呢。"

4.【为山止篑】——比喻功败垂成。

【译文】孔子说："譬如用土堆山，只差一筐土就完成了，这时停下来，那是我自己要停下来的；譬如在平地上堆山，虽然只倒下一筐，这时继续前进，那是我自己要前进的。"

5.【秀而不实】——秀：庄稼吐穗开花；实：结果实。开花不结果。比喻只学到一点儿皮毛，实际并无成就。

【苗而不秀】——苗：指庄稼出苗；秀：庄稼吐穗开花。指庄稼出了苗而没有抽穗。比喻人有好的资质，却没有成就。

【译文】孔子说："庄稼出了苗而不能吐穗扬花的情况是有的！吐穗扬花而不结果实的情况也有！"

6.【后生可畏】——后生：年轻人，后辈；畏：敬畏。年轻人是可敬畏的。形容年轻人能超过前辈。

【年富力强】——年富：未来的年岁多。形容年纪轻，精力旺盛。

【译文】孔子说："年轻人是值得敬畏的，怎么就知道后一代不如前一代呢？如果到了四五十岁时还默默无闻，那他就没有什么可以敬畏的了。"

7.【不忮不求】——忮：嫉妒；求：贪求。指不妒忌，不贪得无厌。

【译文】孔子说："穿着破旧的丝棉袍子，与穿着狐貉皮袍的人站在一起，而不认为是可耻的，大概只有仲由吧？（《诗经》上说）'不嫉妒，不贪求，为什么说不好呢？'"子路听后，反复背诵这句诗。孔子又说："只做到这样，怎么能说够好了呢？"

敬鬼神而远之

句读分明

见齐衰者/虽狎/必变/见冕者与瞽者/虽亵必以貌/凶服者式之/式负版者/有盛馔/必变色而作/迅雷风烈必变。

【译文】（孔子）看见穿丧服的人，即使是亲近的人，也一定要改变面色以示同情。看见穿礼服的人和盲人，即使是熟悉的人，也一定有礼貌地对待他。乘车时，遇见穿孝衣的人要行轼礼。遇见背着国家图籍的人也要行轼礼。别人以丰盛的饭食款待，一定要改变容色站起身来表示敬意。遇到疾雷、大风，一定要改变容色（以示对上天的敬畏）。

字字落实

【译文】子路问："听到了就行动起来吗？"孔子说："有父兄在，怎么能听到就行动起来呢？"冉有问："听到了就行动起来吗？"孔子说："听到了就行动起来。"公西华说："仲由问'听到了就行动起来吗？'你回答说'有父兄健在'，冉求问'听到了就行动起来吗？'你回答'听到了就行动起来'。我被弄糊涂了，敢再问个明白。"孔子说："冉求总是退缩，所以我鼓励他。仲由好勇过人，所以我约束他。"

明理思辨

示例1：子张问做善人的方法。孔子说："如果不沿着前人的脚印走，其学问和修养就不到家。"前人的经验值得借鉴，用前人的经验和教训来指导帮助我们，著名的物理学家牛顿就认为自己之所以能够取得伟大的成果，都源于一直都站在巨人的肩上。所以说，前人的经验可以帮助我们站得更高，看得更远。

示例2：前人的经验固然很重要，但不是衡量后来者的唯一标准。陆游说过："纸上得来终觉浅，绝知此事要躬行。"对于很多东西，我们需要的是自己亲身的实践，而不是盲从别人的经验。经验固然很重要，但是也不能受经验的禁锢。事物是不断变化发展的，要用一种发展的眼光去看待周围的变化。

成语经典

1.【侃侃而谈】——侃侃：理直气壮，从容不迫。理直气壮、从容不迫地说话。

【侃侃訚訚（yín）】——形容和悦而从容不迫地谈话。

【译文】孔子在上朝的时候，（国君还没有到来，）同下大夫说话，温和而快乐的样子；同上大夫说话，正直而公正的样子；国君已经来了，恭敬而心中不安的样子，但又仪态适中。

2.【鞠躬屏气】——指弯腰屈体，屏住呼吸，一副恭谨畏葸的样子。

【敛容屏气】——敛容：收起笑容，态度变得严肃。屏气：闭住气不敢出声。

【屏气凝神】——屏气：抑制呼吸；凝神：聚精会神。形容注意力高度集中。

【屏声敛息】——形容静悄悄，不出声息。

【译文】孔子走进朝廷的大门，谨慎而恭敬的样子，好像没有他的容身之地。站，他不站在门的中间；走，也不踩门槛。经过国君的座位时，他脸色立刻庄重起来，脚步也加快起来，说话也好像中气不足一样。提起衣服下摆向堂上走的时候，恭敬谨慎的样子，憋住气好像不呼吸一样。退出来，走下台阶，脸色便舒展开了，怡然自得的样子。走完了台阶，快快地向前走几步，姿态像鸟儿展翅一样。回到自己的位置，是恭敬而不安的样子。

3.【食不厌精，脍不厌细】——厌：满足；脍：细切的肉。粮食舂得越精越好，肉切得越细越好。形容食物要精制细做。

【译文】粮食不嫌舂得精，鱼和肉不嫌切得细。粮食陈旧和变味了，鱼和肉腐烂了，都不吃。食物的颜色变了，不吃。气味变了，不吃。烹调不当，不吃。不时新的东西，不吃。肉切得不方正，不吃。佐料放得不适当，不吃。席上的肉虽多，但吃的量不超过米面的量。只有酒没有限制，但不喝醉。从市上买来的肉干和酒，不吃。每餐必须有姜，但也不多吃。

4.【有勇知方】——有勇气且知道义。

【译文】子路赶忙回答："一个拥有一千辆兵车的国家，夹在大国中间，常常受到别的国家侵犯，加上国内又闹饥荒，让我去治理，只要三年，就可以使人们勇敢善战，而且懂得礼仪。"

5.【沂水弦歌】【沂水舞雩】——指知时处世，逍遥游乐。

【译文】曾皙说："暮春三月，已经穿上了春天的衣服，我和五六位成年人，六七个少年，去沂河里洗洗澡，在舞雩台上吹吹风，一路唱着歌走回来。"

克己复礼

句读分明

子张问："士何如斯可谓之达矣？"子曰："何哉，尔所谓达者？"子张对曰："/在邦必闻/在家必闻/子曰/是闻也/非达也/夫达也者/质直而好义/察言而观色/虑以下人/在邦必达/在家必达/夫闻也者/色取仁而行违/居之不疑/在邦必闻/在家必闻。"

【译文】子张问："士怎样才可以叫作通达？"孔子说："你说的通达是什么意思？"子张答道："在国君的朝廷里必定有名望，在大夫的封地里也必定有名声。"孔子说："这只是虚假的名声，不是通达。所谓达，那是要品质正直，遵从礼义，善于揣摩别人的话语，观察别人的脸色，经常想着谦恭待人。这样的人，就可以在国君的朝廷和大夫的封地里通达。至于有虚假名声的人，只是外表上装出仁的样子，而行动上却违背了仁，自己还以仁人自居不惭愧。但他无论在国君的朝廷里还是大夫的封地里都必定会有名声。"

字字落实

【译文】季康子问孔子如何治理政事，说："如果杀掉无道的人来成全有道的人，怎么样？"孔子说："您治理政事，哪里用得着杀戮的手段呢？您只要想行善，老百姓也会跟着行善。在位者的品德好比风，在下的人的品德好比草。风吹到草上，草就必定跟着倒。"

明理思辨

示例：内心光明磊落，就没有什么可怕的，等于俗话说的："不做亏心事，不怕鬼敲门。"亦即"问心无愧"。而要做到"问心无愧"，并不一定是每一件事你都能做到十全十美，但如果你尽力了，就算达不到理想状态，你照样会问心无愧。还有，人难免犯错，要善于反省自己，要敢于承担责任，把犯错当成一种教训，以后不要犯同一个错误，这样就可以无忧无惧。

成语经典

1.【己所不欲，勿施于人】——欲：希望；勿：不要；施：施加。自己不愿意的，不要强加给别人。

【译文】孔子说："自己不愿意的，不要强加给别人。做到在诸侯的朝廷上没人怨恨（自己），在卿大夫的封地里也没人怨恨（自己）。"

2.【一言既出，驷马难追】——一句话说出了口，就是套上四匹马拉的车也难追上。指话说出口，就不能再收回，一定要算数。

子贡说："可惜了，先生这样的解说君子呀！虽有四马骏足，也追不上你舌头上这一失言了。"

3.【风行草偃】——风吹过的时候，草就倒伏。旧时比喻用仁德感化，人们自然心悦诚服。

【译文】孔子说："在位者的品德好比风，在下的人的品德好比草。风吹到草上，草就必定跟着倒。"

4.【察言观色】——察：详审。观察别人的说话或脸色。多指揣摩别人的心意。

【译文】孔子说："所谓达，那是要品质正直，遵从礼义，善于揣摩别人的话语，观察别人的脸色，经常想着谦恭待人。"

5.【成人之美】——成：成就。成全别人的好事。

【译文】孔子说："君子成全别人的好事，而不助长别人的恶处。小人则与此相反。"

6.【片言折狱】——片言：极少的几句话；折狱：判决诉讼案件。原意是能用简单的几句话判决讼事。后指能用几句话就断定双方争论的是非。

【译文】孔子说："只听了单方面的供词就可以判决案件的，大概只有仲由吧？"

7.【爱之欲其生，恶之欲其死】——喜爱他时，总想叫他活着；讨厌他时，总想叫他死掉。指极度地凭个人爱憎对待人。

【译文】孔子说："爱一个人，就希望他活下去，厌恶起来就恨不得他立刻死去。既要他活，又要他死，这就是迷惑。"

唯贤是举

句读分明

叶公语孔子曰／吾党有直躬者／其父攘羊／而子证之／孔子曰／吾党之直者异于是／父为子隐／子为父隐／直在其中矣。

【译文】叶公告诉孔子说："我的家乡有个正直的人，他的父亲偷了人家的羊，他告发了父亲。"孔子说："我家乡的正直的人和你讲的正直人不一样：父亲为儿子隐瞒，儿子为父亲隐瞒。正直就在其中了。"

字字落实

1.【译文】樊迟问怎样才是仁。孔子说："平常在家规规矩矩，办事严肃认真，待人忠心诚意。即使到了夷狄之地，也不可背弃。"

2.【译文】孔子说："南方人有句话说：'人如果做事没有恒心，就不能当巫医。'这句话说得真好啊！""人不能长久地保存自己的德行，免不了要遭受耻辱。"孔子说："（这句话是说，没有恒心的人）用不着去占卦了。"

明理思辨

示例："刚强不屈、果敢坚毅、质朴老实、言语谨慎，具有这四种品德的人就接近于仁。"表明孔子崇尚质朴，反对花言巧语，主张说话应谨慎小心，特别强调人应当言行一致，力戒空谈浮言，这种踏实态度和质朴精神长期影响着中国人，成为中华传统思想文化中的精华内容，所以有"大智若愚""大巧若拙"之说。现在社会需要这种精神。

成语经典

1.【名正言顺】【名不正言不顺】——名：名分，名义；顺：合理，顺当。原指名分正当，说话合理。后多指做某事名义正当，道理也说得通。

【手足无措】——措：安放。手脚不知放到哪儿好。形容举动慌张，或无法应付。

【译文】孔子说："名分不正，说起话来就不顺当合理；说话不顺当合理，事情就办不成；事情办不成，礼乐也就不能兴盛；礼乐不能兴盛，刑罚的执行就不会得当；刑罚不得当，百姓就不知怎么办好。"

2.【言必信，行必果】——信：守信用；果：果断，坚决。说了就一定守信用，做事一定办到。

【译文】见前文的"参考译文"部分。

3.【欲速则不达】——速：快；达：达到。指过于性急图快，反而不能达到目的。

【译文】见前文的"参考译文"部分。

4.【刚毅木讷】——刚：坚强；毅：果决；木：质朴；讷：说话迟钝，此处指言语谨慎。孔子称颂人的四种品质。

【译文】孔子说："刚强、果敢、朴实、谨慎这四种品德接近于仁。"

知其不可而为之

句读分明

子曰／有德者必有言／有言者不必有德／仁者必有勇／勇者不必有仁。

【译文】孔子说："有道德的人，一定有言论，有言论的人不一定有道德。仁人一定勇敢，勇敢的人不一定有仁德。"

字字落实

【译文】子路问怎样做才是一个完美的人。孔子说："如果具有臧武仲的智慧，孟公绰的克制，卞庄子的勇敢，冉求的多才多艺，再用礼乐加以修饰，也就可以算是一个完人了。"孔子又说："现在的完人何必一定要这样呢？见到财利想到义的要求，遇到危险能献出生命，长久处于穷困还不忘平日的诺言，这样也可以成为一位完美的人。"

明理思辨

参考示例：南怀瑾《论语别裁》：以直道而行。是是非非，善善恶恶，对我好的当然对他好，对我不好的当然不理他，这是孔子的思想。他是主张明辨是非的。

孔子提倡为人直率，对于怨恨要秉持公正，以眼还眼，以牙还牙。这一番言论，特别适用于执法者、监督者。为人处世，往往不能过于计较这些，"以德报怨"，常常能够收买人心。

成语经典

1.【危言危行】——危：直，正直。说正直的话，做正直的事。

【译文】孔子说："国家有道，要正言正行；国家无道，还要正直，但说话要随和谨慎。"

2.【大言不惭】——说大话，不感到难为情。

【译文】孔子说："说话如果大言不惭，那么实现这些话就很困难了。"

3.【不在其位，不谋其政】不在那个职位上，就不去考虑那个职位上的事。

【思不出位】——思：考虑；位：职位。考虑事情不超过自己的职权范围。比喻规矩老实，守本分。也形容缺乏闯劲。

【译文】孔子说："不在那个职位，就不要考虑那个职位上的事情。"曾子说："君子考虑问题，从来不超出自己的职位范围。"

4.【以德报怨】——德：恩惠；怨：仇恨。不记别人的仇，反而给他好处。

【以直报怨】——直：公正，正直。以公道对待自己怨恨的人。

【以德报德】——德：恩惠。用恩惠报答恩惠。

【译文】有人说："用恩德来报答怨恨怎么样？"孔子说："用什么来报答恩德呢？应该是用正直来报答怨恨，用恩德来报答恩德。"

5.【怨天尤人】——天：天命，命运；尤：怨恨，归咎。指遇到挫折或出了问题，一味报怨天，责怪别人。

【循序渐进】——指学习工作等按照一定的步骤逐渐深入或提高。

【下学上达】——指学习人情事理，进而认识自然的法则。

239

【译文】孔子说："没有人了解我啊！"子贡说："怎么能说没有人了解您呢？"孔子说："我不埋怨天，也不责备人，下学礼乐而上达天命。了解我的只有天吧！"

闻过则改

句读分明

子曰："不曰'如之何，如之何'者，吾末如之何也已矣。"

【译文】孔子说："从来遇事不说'怎么办，怎么办'的人，我对他也不知怎么办才好。"

字字落实

【译文】孔子说："君子只怕自己没有才能，不怕别人不知道自己。"

明理思辨

苏轼注："人之所履者，容足之外，皆为无用之地，而不可废也。故虑不在千里之外，则患在几席之下矣。"

目光短浅，缺乏深虑远见，很快就会有忧患到来；那么，为什么有些人好像有了"远虑"，却还是有"近忧"呢？杞人忧天，把自己置于不必要的忧虑和恐惧之中，这可不是我们要的"远虑"啊！

成语经典

1.【在陈之厄】——指饥贫等困境。

【君子固穷】——君子：有教养、有德行的人；固穷：安守贫穷。指君子能够安贫乐道，不失节操。

【译文】（孔子一行）在陈国断了粮食，随从的人都饿病了。子路很不高兴地来见孔子，说道："君子也有穷得毫无办法的时候吗？"孔子说："君子虽然穷困，但还是坚持着；小人一遇穷困就无所不为了。"

2.【志士仁人】——原指仁爱而有节操，能为正义牺牲生命的人。现在泛指爱国而为革命事业出力的人。

【求生害仁】——指因谋求活命而有伤仁德。

【杀身成仁】——成：成全；仁：仁爱，儒家道德的最高标准。指为正义而牺牲生命。后泛指为了维护正义事业而舍弃自己的生命。

【成仁取义】【取义成仁】——成仁：杀身以成仁德；取义：舍弃生命以取得正义。为正义而牺牲生命。

【译文】孔子说："志士仁人，没有贪生怕死而损害仁的，只有牺牲自己的性命来成全仁的。"

3.【工欲善其事，必先利其器】——器：工具。要做好工作，先要使工具锋利。比喻要做好一件事，准备工作非常重要。

【译文】子贡问怎样实行仁德。孔子说："做工的人想把活儿做好，必须首先使他的工具锋利。住在这个国家，就要侍奉大夫中的那些贤者，与士人中的仁者交朋友。"

4.【言不及义】——及：涉及；义：正经的道理。指净说些无聊的话，没有一句正经的。

【好行小慧】——好：喜欢；行：施行；慧：仁慈。指喜欢给人小恩小惠。

【译文】孔子说："整天聚在一块，说的都达不到义的标准，专好卖弄小聪明，这种人真难教导。"

5.【以言举人】——根据言论来举荐人才。

【以人废言】【因人废言】——以：因为；废：废弃。因为说话人的地位的低下或犯有错误就不采纳他所说的正确的意见。

【译文】孔子说："君子不凭一个人说的话来举荐他，也不因为一个人不好而不采纳他的好话。"

6.【当仁不让】——原指以仁为师，无所谦让。后指遇到应该做的事就积极主动去做，不推让。

【译文】孔子说："面对着仁德，就是老师，也不同他谦让。"

7.【有教无类】——类：类别。不管什么人都可以受到教育。

【译文】孔子说："人人都可以接受教育，不分族类。"

益者三乐

句读分明

孔子曰："天下有道，则礼乐征伐自天子出；天下无道，则礼乐征伐自诸侯出。自诸侯出，盖十世希不失矣；自大夫出，五世希不失矣；陪臣执国命，三世希不失矣。天下有道，则政不在大夫。天下有道，则庶人不议。"

【译文】孔子说："天下有道的时候，制作礼乐和出兵打仗都由天子做主决定；天下无道的时候，制作礼乐和出兵打仗，由诸侯做主决定。由诸侯做主决定，大概经过十代，很少有不垮台的；由大夫决定，经过五代，很少有不垮台的。天下有道，国家政权就不会落在大夫手中。天下有道，老百姓也就不会议论国家政治了。"

字字落实

【译文】孔子到武城，听见弹琴唱歌的声音。孔子微笑着说："杀鸡何必用宰牛的刀呢？"子游回答说："以前我听先生说过，'君子学习了礼乐就能爱人，小人学习了礼乐就容易指使。'"孔子说："学生们，言偃的话是对的。我刚才说的话，只是开个玩笑而已。"

明理思辨

1.孔子所说的择友的标准是正直、诚实、博学多闻。

2.示例：颜回虽然家境贫寒，缺衣少食，生活艰苦，却能忍受困苦，不为物质所累，自得其乐，始终保持心境的恬淡和安宁。以颜回为友，能够让自己也拥有一颗淡然的心，保持良好乐观的心态，快乐地生活。

成语经典

1.【直谅多闻】——直：正直；谅：信实；多闻：学识渊博。为人正直信实，学识广博。

【译文】孔子说："有益的交友有三种，有害的交友有三种。同正直的人交友，同诚信的人交友，同见闻广博的人交友，这是有益的。同惯于走邪道的人交朋友，同善于阿谀奉承的人交朋友，同惯于花言巧语的人交朋友，这是有害的。"

2.【在色之戒】——指色欲方面的戒忌。

【血气方刚】——血气：精力；方：正；刚：强劲。形容年轻人精力正旺盛。

【译文】孔子说："君子有三种事情应引以为戒：年少的时候，血气还不成熟，要戒除对女色的迷恋；等到身体成熟了，血气方刚，要戒除与人争斗；等到老年，血气已经衰弱了，要戒除贪得无厌。"

3.【色厉内荏】——色：神色，样子；厉：凶猛；荏：软弱。外表强硬，内心虚弱。

【穿窬之盗】——穿：指穿壁；窬：同"逾"，从墙上爬过去。指钻洞和爬墙的盗贼。

【译文】孔子说："外表严厉而内心虚弱，以小人作比喻，就像是挖墙洞的小偷吧？"

4.【道听途说】——从道路上听到，在道路上传说。泛指没有根据的传闻。

【译文】孔子说："在路上听到传言就到处去传播，这是道德所唾弃的。"

5.【患得患失】——患：忧患，担心。担心得不到，得到了又担心失去。形容对个人得失看得很重。

【无所不至】——至：到。指没有不到的地方。也指什么坏事都做绝了。

【译文】孔子说："可以和一个鄙夫一起侍奉君主吗？他在没有得到官位时，总担心得不到。已经得到了，又怕失去它。如果他担心失掉官职，那他就什么事都干得出来了。"

博学笃志

子张问孔子曰："何如斯可以从政矣？"子曰："尊五美，屏四恶，斯可以从政矣。"子张曰："何谓五美？"子曰："君子惠而不费，劳而不怨，欲而不贪，泰而不骄，威而不猛。"子张曰："何谓惠而不费？"子曰："因民之所利而利之，斯不亦惠而不费乎？择可劳而劳之，又谁怨？欲仁而得仁，又焉贪？君子无众寡，无大小，无敢慢，斯不亦泰而不骄乎？君子正其衣冠，尊其瞻视，俨然人望而畏之，斯不亦威而不猛乎？"子张曰："何谓四恶？"子曰："不教而杀谓之虐；不戒视成谓之暴；慢令致期谓之贼；犹之与人也，出纳之吝谓之有司。"

【译文】子张问孔子说："怎样才可以治理政事呢？"孔子说："尊重五种美德，排除四种恶政，这样就可以治理政事了。"子张问："五种美德是什么？"孔子说："君子要给百姓以恩惠而自己却无所耗费；使百姓劳作而不使他们怨恨；要追求仁德而不贪图财利；庄重而不傲慢；威严而不凶猛。"子张说："怎样叫要给百姓以恩惠而自己却无所耗费呢？"孔子说："让百姓们去做对他们有利的事，这不就是对百姓有利而不掏自己的腰包嘛！选择可以让百姓劳作的时间和事情让百姓去做。这又有谁会怨恨呢？自己要追求仁德便得到了仁，又还有什么可贪的呢？君子对人，无论多少，势力大小，都不怠慢他们，这不就是庄重而不傲慢吗？君子衣冠整齐，目不斜视，使人见了就让人生敬畏之心，这不也是威严而不凶猛吗？"子张问："什么叫四种恶政呢？"孔子说："不经教化便加以杀戮叫作虐；不加告诫便要求成功叫作暴；不加监督而突然限期叫作贼，同样是给人财物，却出手吝啬，叫作小气。"

【译文】子夏说："君子必须取得信任之后才去役使百姓，否则百姓就会以为是在虐待他们。要先取得信任，然后才去规劝；否则，（君主）就会以为你在诽谤他。”

明理思辨

南怀瑾《论语别裁》：讲到人生的修养，后来中国文学中常用"文过饰非"四个字，其出典在此。自己有过错了，粉饰一下，掩护一下。掩饰说明知道自己的过错，因为羞耻，或害怕批评，于是想隐藏。然而过错就像狐狸的尾巴，藏终究是藏不住的；倒不如坦率点儿，直面它，才有晋升为"君子"的契机。

成语经典

1.【枉道事人】——枉：违背；道：正道；事：侍奉。原指不按正道侍奉国君。后泛指不择手段取悦于人。

【父母之邦】——指祖国。

【译文】柳下惠当典狱官，三次被罢免。有人说："你不可以离开鲁国吗？"柳下惠说："按正道侍奉君主，到哪里不会被多次罢官呢？如果不按正道侍奉君主，为什么一定要离开本国呢？"

2.【来者可追】——可追：可以补救。过去的事已无法挽回，但是未来的事还来得及赶上。

【译文】楚国的狂人接舆唱着歌从孔子的车旁走过，他唱道："凤凰啊凤凰啊！你的德运怎么这么衰弱呢？过去的已经无可挽回，未来的还来得及改正。算了吧，算了吧！今天的执政者危乎其危！"孔子下车，想同他谈谈，他却赶快避开，孔子没能和他交谈。

3.【四体不勤，五谷不分】——四体：指人的两手两足；五谷：通常指稻、黍、稷、麦、菽。指不参加劳动，不能辨别五谷。形容脱离生产劳动，缺乏生产知识。

【译文】子路跟随孔子出行，落在了后面，遇到一个老人，用拐杖挑着除草的工具。子路问道："你看到我的老师吗？"老人说："我手脚不停地劳作，五谷还来不及播种，哪里顾得上你的老师是谁？"

4.【见危致命】——在危急关头勇于献出自己的生命。

【译文】子张说："士遇见危险时能献出自己的生命，看见有利可得时能考虑是否符合义的要求，祭祀时能想到是否严肃恭敬，居丧的时候想到自己是否哀伤，这样就可以了。"

5.【文过饰非】——文、饰：掩饰；过、非：错误。用漂亮的言词掩饰自己的过失和错误。

【译文】子夏说："小人犯了过错一定要掩饰。"

6.【文武之道】——文、武：指周文王和周武王。意思是宽严相结合，是文王武王治理国家的方法。

【学无常师】——求学没有固定的老师。指凡有点儿学问、长处的人都是老师。

【译文】卫国的公孙朝问子贡说："仲尼的学问是从哪里学来的？"子贡说："周文王武王的道，并没有失传，还留在人们中间。贤能的人可以了解它的根本，不贤的人只了解它的末节。没有什么地方无文王武王之道。我们老师何处不学？又何必要有固定的老师传播呢？"